# Ordslöjd -
## dikter och prosa
## av Ingvar Holmberg

© Ingvar Holmberg 2019
Förlag: BoD – Books on Demand, Stockholm, Sverige
Tryck: BoD- Books on Demand, Norderstadt, Tyskland
ISBN: 9789177857204
Omslagsfoto: Elliott Holmberg

**Kontakt med författaren:**
epost: ingvar.holmberg@telia.com
Tel +46 (0)70 6203977
hemsida: https://ingvarholmberg.se

Boken finns som ebok:
https://www.bod.se/bookshop.html

# Inledning och förklaring

I den här boken finns fyra avdelningar – först min "Psaltare", det vill säga texter i diktens form som talar till Gud och om Honom och som är ett resultat av kontakten med Gud och gemenskapen med Honom. I de flesta fall är detta sångtexter från det stora antal sånger jag har författat och komponerat under mer än femtio år.

I Bibeln finns ju Psaltaren som en bönbok och sångbok för troende människor i alla tider även om de ursprungliga melodierna inte finns bevarade i vår tid.

Här finns också min "Spaltare" - ett påhittat ord för en samling prosatexter, blogginlägg och krönikor.

Här är det huvudsakligen de i mina egna ögon bästa texterna från min blogg på min hemsida varje vecka under 2018 – och med rätt många dikter insprängda.

Tredje delen är några dikter huvudsakligen från de två, tre senaste åren. Sist kommer lite böner, alltså egna tankar till Gud .

Hoppas du hittar några texter som inspirerar,berör och hjälper dig!

Norrköping  2019

Vänliga hälsningar
Ingvar Holmberg

# Psaltare -
## texter som hyllar Gud, talar till Gud och om Honom

## Du ger mig allt, o, Herre kär

Du ger mig allt, o Herre kär.
Mitt liv blir till en solskensfest.
Och ändå går jag allra mest
på stigar där du icke är.

Din frid är allt min själ begär.
Din kärlek ständigt följer mig.
Men ändå envist bort från dig
mitt hjärtas vandring ännu bär.

Jag vill bli din. O, tag mig nu
bort från min mörka vilsna stråt!
Tag bort min synd och, Herre, låt
mitt liv till sist bli bara du!

Din frid är allt min själ begär.
Den större är än havets famn.
Din frid är själens enda hamn.
Du ger mig allt, o Herre kär.

# Ett nytt år

Ett nytt år, ett nytt år.
Det gamla lägger jag vid Jesu fötter,
det nya vilar i hans famn.
Ett nytt år, Ett nytt år.
För varje dag har Herren varit med mig,
så jag går fram i Jesu namn.

Jag är tacksam för det goda Gud mig gav,
och visst minns jag också tunga, mörka dar.
Men nu vill jag se framåt
och ta mot vad Gud mig ger.
Gårdagen finns ju inte mer.

Jag vet inte hur min framtid ska se ut
eller när min stund på jorden får sitt slut.
Men jag vet att min Herre
leder mig till livets land.
Framtiden ligger i Hans hand.

Ett nytt år, ett nytt år.
Det gamla lägger jag vid Jesu fötter,
det nya vilar i hans famn.
Ett nytt år, Ett nytt år.
För varje dag har Herren varit med mig,
så jag går fram i Jesu namn.

# Vårpsalm

Nu våras det i markerna,
och livet bryter fram.
Glad jag går här fram i parkerna.
Det sjuder i var stam.
Herre, tack! Nu kommer än en vår
till naturen och min själ.
Herre, tack för solsken i mitt hår!
Du vill mig alltid väl!

Snart blommar det i lindarna,
jag ser hundra sorters grönt.
Fåglar bärs nu hit av vindarna,
för nu är livet skönt.
Herre, tack! Nu kommer än en vår
till naturen och min själ.
Herre, tack för solsken i mitt hår!
Du vill mig alltid väl!

Ur vinterns grepp så trevande
kom än en nordisk vår.
Ur dödens grepp helt levande
vår Herre Kristus går.
Och jag fick liv och frälsning här,
på Frälsaren jag tror.
Guds kära barn jag faktiskt är,
och i Hans nåd jag bor.

# Finns det en framtid, finns det en morgondag?

Finns det en framtid, finns det en morgondag,
finns det nån mening i dag?
Svara mig, Herre! Du måste finnas,
tycker i alla fall jag.
Vet att jag borde va' tacksam och minnas
att jag har det så bra.
Andra i världen i lidande vandrar.
De har det alls inte lätt.
Visst vill jag tänka också på andra,
det är ju riktigt och rätt.

Kan inte hjälpa att ändå så känns det
som jag inte alls passar in.
Jag vill behövas, jag vill ha kärlek,
någon att känna som min.
Festen och flörten, skämten och skratten -
det är som det inte var jag.
Men inte klarar jag där, framåt natten,
komma med andra förslag.

Skönt att få prata, skönt att få be till dig,
skönt att det känns som du hör!
När jag fick säga det som jag kände,
kände jag mig ej utanför.
Kanske så kan det bli någon ändring,
kanske blir det något jag gör.
Finns det en framtid, finns det en morgondag,
finns det nån mening i dag?
Svara mig, Herre! Du måste finnas,
tycker i alla fall jag.

## Älskad - värdefull

Jag är älskad. Någon älskar mig.
Jag är värdefull för Någon.
Så varför skulle jag vara rädd?
Varför skulle jag väl skämmas?
Nej, det är faktiskt så att..
Herren Jesus älskar mig.
Då är jag inte värdelös.
Han räknar med mig. Han litar på mig.
Jag är värdefull.

Du är älskad. Någon älskar dig.
Du är värdefull för Någon.
Så varför skulle du vara rädd?
Varför skulle du väl skämmas?
Nej, det är faktiskt så att..
Herren Jesus älskar dig.
Då är du inte värdelös.
Han räknar med dig. Han litar på dig.
Du är värdefull.

## Som gåva

Han gav mig livet som gåva.
Han gav ett hem som gåva.
Han gav mig vänner som gåva.
Nu har han gett mig evigt liv,
glädje och frid,
gemenskap med Gud som gåva,
som gåva.

Han gav mig solsken som gåva.
Han gav mig gröna fält som gåva.
Han gav mig kärlek på jord som gåva.
Nu har han gett mig evigt liv,
glädje och frid,
gemenskap med Gud som gåva,
som gåva.

Han heter Jesus Kristus, Guds Son,
som gav mig gåvan.

## Gode Far i himlen

Gode Far i himlen,
du har älskat mig
innan jag ens fått mitt namn.
Och du slöt mig ömt i famn,
Far i himlen.

Jesus, du min Herre,
du bar smärtans kors
för att helt befria oss.
Evig frälsning ger du oss,
Jesus, min Herre.

Helige Ande,
du är Hjälparen.
Du ger kraft för varje dag,
hjälper mig när jag är svag,
Helige Ande.

Halleluja! Halleluja!
Du är hos mig, Herre kär.
Inget mera jag begär.
Halleluja!

# Gud, min Herre, jag prisar dig

Fader, du som har skapat världen,
Jesus Kristus, min Frälsare,
Helige Ande som ger mig glädje,
Gud, min Herre, jag prisar dig.

Fader vår, som är i himmelen,
tack för att jag är ditt eget barn
och har kontakt med dig.

Jesus, du som bar all världens synd,
du ger mig ett liv,
så fyllt av glädje, frid och verklighet.

Helige Ande, du är Hjälparen.
Du ger kraft åt mig,
så jag kan leva så som Jesus vill.

Fader, du som har skapat världen,
Jesus Kristus, min Frälsare,
Helige Ande som ger mig glädje,
Gud, min Herre, jag prisar dig.

## Ändå älskad

Bristfällig, men ändå räddad.
Ofullkomlig, men ändå använd av Gud.
Bångstyrig ibland, men ändå älskad -
det är jag, det är jag.

Vem kan anklaga mig?
Gud har frikänt mig.
Vem kan döma mig?
Kristus har friköpt mig.

Bristfällig, men ändå räddad.
Ofullkomlig, men ändå använd av Gud.
Bångstyrig ibland, men ändå älskad -
är det du, är det du?

Vem kan anklaga dig?
Gud har frikänt dig.
Vem kan döma dig?
Kristus har friköpt dig.

Bristfällig, men ändå räddad.
Ofullkomlig, men ändå använd av Gud.
Bångstyrig ibland, men ändå älskad -
det är jag, det är jag.

# Öppet universum

Öppet universum -
Gud har mig så kär.
Öppet universum -
allt kan hända här:
Helande kraft, underverk,
oförklarliga ting.
Öppet universum,
Gud är här.

Många tror att himlen är stängd,
att människan får klara sig själv.
Men jag jag har en Bror som gick dit,
och han har öppnat himlen för mig

Gud har inte övergett oss.
Nej, ondskans sköld har slagits itu.
Kommunikationen är klar,
och sändning pågår. Hjälp är på väg.

Spanar du mot kall, öde rymd
och tror du ingen hjälp finns att få?
Universums vidöppna dörr är Jesus.
Nu kan vad som helst ske.

Öppet universum -
Gud har mig så kär.
Öppet universum -
allt kan hända här:
Helande kraft, underverk,
oförklarliga ting.
Öppet universum,
Gud är här.

# Herre, öppna våra ögon

Herre, öppna våra ögon, så vi ser,
att Din kraft är mycket större
än det onda som vi ser!
För ingenting kan hindra Dina händer
att nå oss här.
Du ger vad vi begär.

Vi behöver inte frukta för det onda kring oss.
Vi vet ändå,
vi har änglar runt omkring oss,
och inom oss bor Guds Ande också.
Alla Guds möjligheter står till vårt förfogande.
Allting kan ju faktiskt ske.

Vi får se på Herren Jesus.
Han har vunnit seger.
Han har all makt.
Större ting än vi kan tänka
gör Han genom oss,
för det har Han sagt.
Alla Guds möjligheter
står till vårt förfogande.
Allting kan ju faktiskt ske.

Herre, öppna våra ögon, så vi ser,
att Din kraft är mycket större
än det onda som vi ser!
För ingenting kan hindra Dina händer
att nå oss här.
Du ger vad vi begär.

# En människa...

*..sitter på Guds högra sida i himlen*

En människa sitter på Guds högra sida i himlen.
En människa sitter i högsta position.
En människa sitter på Guds högra sida i himlen.
Han heter Jesus Kristus, och Han är min bror.

Han lämnade himlens härlighet.
Han blev en människa.
Han gav sin tid, sitt liv, sitt blod,
men på tredje dagen Han uppstod.
Han steg upp till himlen. Han lever än i da',
men sittande på tronen som Kungars Kung,
så är Han människa.

Vi skapades till Guds avbild här.
Vi är Hans ögonsten.
Vi föll i synd, kom bort från Gud.
Därför ljuder evangeliets bud:
"Han har dött för alla. Nu evigt liv Han ger,
och sittande på tronen som Kungars Kung
Han hör oss när vi ber."

En människa sitter på Guds högra sida i himlen.
En människa sitter i högsta position.
En människa sitter på Guds högra sida i himlen.
Han heter Jesus Kristus, och Han är min bror.

# För din skull bara

Många söker dig för att få lycka.
Många söker dig för vad du ger.
Men gåvorna är störst man verkar tycka.
Åt Givaren man mera sällan ser.

Jag tackar dig för allt som blev mig givet.
Jag prisar dig för lyckan som är min.
Men du är själv det största, du är Livet.
Jag är så glad att jag får vara din.
Jag törstar efter dig, min Gud och Herre.
Tag bort allt som vill skymma din gestalt!
Jag törstar efter dig, min Gud och Herre,
och jag vill göra det du har befallt.

När du sträcker mot oss dina händer,
ser vi bara gåvorna i dem.
Och när du kommer och din Ande sänder,
finns knappast plats för dig här i ditt hem.

Lär oss följa dig för din skull bara!
Lär oss älska dig för den du är!
Och låt oss dina lärjungar få vara,
som ger dig rum i vår gemenskap här.

Jag tackar dig för allt som blev mig givet.
Jag prisar dig för lyckan som är min.
Men du är själv det största, du är Livet.
Jag är så glad att jag får vara din.
Jag törstar efter dig, min Gud och Herre.
Tag bort allt som vill skymma din gestalt!
Jag törstar efter dig, min Gud och Herre,
och jag vill göra det du har befallt.

# Visst är han värd det bästa man har

Visst är han värd det bästa man har
och inte nån andrahandsvara?
Varför ge Gud det man ej vill han kvar
och själviskt det finaste spara?

Jag vill ge honom så mycket jag kan.
Jag önskar att det vore mera.
Det verkliga liv som jag hos honom fann,
kan jag aldrig nog högt värdera.
Nu ger jag min tid, mina krafter, mitt liv.
Han gav mig ju allt, och han gjorde mig fri.

Andra får kalla för slöseri
vad jag kallar självklarheter,
att han som gjorde mig glad och fri,
skall få mina tillhörigheter.

O, att mitt liv blev en ljuv parfym,
som påminde om hans lära,
så var och en som på mig fick syn,
gav honom hyllning och ära.

Jag vill ge honom så mycket jag kan.
Jag önskar att det vore mera.
Det verkliga liv som jag hos honom fann,
kan jag aldrig nog högt värdera.
Nu ger jag min tid, mina krafter, mitt liv.
Han gav mig ju allt, och han gjorde mig fri.

# Som du

Vi vill älska varann, som du har älskat oss.
Vi vill bära varann, som du har burit oss.
Om någon faller, vi räcker ut vår hand.
Tillsammans når vi fram till livets land.

Många hatar ju varann,
och man trampar på varann,
och man kämpar sist och först
för att själv vara störst.

Jesus, du är kärleken,
ödmjukheten, sanningen.
Hjälp oss gå i dina spår,
så vi eniga står!

Vi vill älska varann, som du har älskat oss.
Vi vill bära varann, som du har burit oss.
Om någon faller, vi räcker ut vår hand.
Tillsammans når vi fram till livets land.

# Tack för Ditt blod!

Jesus, Herre Jesus, jag prisar Dig!
Jesus, Herre Jesus, jag prisar Dig, jag prisar Dig!

Ditt blod rann för världens synd,
stora synder och små, mina synder och allas.
Tack för Ditt blod!

Dina sår bringar läkedom.
Jag har hälsa i Dig. Du befriar från sjukdom.
Tack för Dina sår!

Din törnkrans den visar att
Du bar förbannelsen som var över jorden.
Tack för törnets krans!

Jesus, Herre Jesus, tack för Ditt blod!
Jesus, Herre Jesus, tack för Ditt blod, tack för
Ditt blod!

# Jag har en dröm

Jag har en dröm att alla barn
ska äga samma rätt
till mat och kunskap, lek och kunskap,
trygghet rätt och slätt,
att krigets Libanon ska bli
i framtiden en gång
en jättelekplats, fylld med barn
och glädje, skratt och sång.

Jag drömmer om en värld, en skön värld,
där rättvisan är den vanligaste visan.
Jag drömmer om en värld, en skön värld,
där varje veckodag är en "fred-dag".
Kristus har lagt grunden,
och Han ska ge fullbordan,
men vi - du och jag - vi ska göra vårt i dag.

Jag har en dröm att inte nån
ska sakna dagligt bröd,
att ingen ska få kämpa ensam
i en bitter nöd,
att svältens länder skall ha mat
åt varje hungrig mun
med ris och vete överallt
och vatten i var brunn.

Jag drömmer om en värld, en skön värld,
där rättvisan är den vanligaste visan.
Jag drömmer om en värld, en skön värld,
där varje veckodag är en "fred-dag".
Kristus har lagt grunden,
och Han ska ge fullbordan,

men vi - du och jag - vi ska göra vårt i dag.

Jag har en dröm att ingen ska
förtryckas i sitt land,
att inte nån ska kura hop
för våldets terrorhand,
att skräckens länder ska ha rum
för frihetssångers ljud,
för fria tankar, fria ord
och glädje inför Gud.

Jag drömmer om en värld, en skön värld,
där rättvisan är den vanligaste visan.
Jag drömmer om en värld, en skön värld,
där varje veckodag är en "fred-dag".
Kristus har lagt grunden,
och Han ska ge fullbordan,
men vi - du och jag - vi ska göra vårt i dag.

## Att du finns är ett under

Att du finns är ett under
och ett svar på bön.
Alla livets sekunder
är en gåva skön.

Kanske du inte tror
du var välkommen hit,
Du har saknat din mor,
du har slängts hit och dit.
Gud har planer för dig,
som du inte vet om.
En ny värld öppnar sig,
och en röst säger "Kom!".

Det finns gåvor i dig,
som du ej visste fanns.
En ny värld öppnar sig,
om du nu tar din chans.
Titta framåt igen!
Torka av tårarna!
För du är välkommen.
Det är din dag i dag.

Att du finns är ett under
och ett svar på bön.
Alla livets sekunder
är en gåva skön.

## Jesus, gör med mig vad du vill

Jesus, låt mig få tala dina ord i dag!
Jesus, låt mig få göra dina gärningar nu!
Jesus, låt mig få bli det du vill ha mig till!
Jesus, Jesus, gör med mig vad du vill!

Många har kallat på mig.
Alla har sitt att ge.
Men jag har valt
att gå med dig.
Jesus, jag älskar dig.

Jesus, låt mig få tala dina ord i dag!
Jesus, låt mig få göra dina gärningar nu!
Jesus, låt mig få bli det du vill ha mig till!
Jesus, Jesus, gör med mig vad du vill!

# Du vet att jag har dig kär

Där vid sjön Gennesaret
möter Petrus sin Herre.
Där vid sjön Gennesaret
hörs kallelsen igen.
Petrus, som förnekat nyss
sin Mästare och Herre,
ser på Jesus, hör honom säga:
"Älskar du mig?"

"Herre, du vet allting.
Herre, du vet allting.
Herre, du vet allting.
Du vet, att jag har dig kär.
Du vet, att jag har dig kär. "

Här vid sena tiders strand
hör vi Jesus som talar.
Här vid sena tiders strand
hörs kallelsen igen.
Vi, som svikit ofta nog,
förnekat ännu värre,
ser på Jesus, hör honom säga:
"Älskar du mig?"

"Herre, du vet allting.
Herre, du vet allting.
Herre, du vet allting.
Du vet, att jag har dig kär.
Du vet, att jag har dig kär. "

Över tidens vågors brus
hör vi Jesus som talar.
Över tidens vågors brus
hörs kallelsen igen:
"Följ mig nu och tjäna mig,
förkunna om Guds Rike!
Det är svaret på min fråga
'Älskar du mig?' ."

"Herre, du vet allting.
Herre, du vet allting.
Herre, du vet allting.
Du vet, att jag har dig kär.
Du vet, att jag har dig kär. "

# Inför Herren fröjdar jag mig

Inför Herren fröjdar jag mig.
Inför Herren fröjdar jag mig.
Inför Herren fröjdar jag mig.
Det är nog, det är nog, det är nog.

Vad man anser om min person,
om min brist på skick och fason,
kan jag inte tänka på nu,
när jag är inför Herren min Gud.

Träldomsoket lyfte Han av,
kungabarnets rätt Han mig gav.
Skulle jag väl bli människors slav?
Jag är fri, jag är fri, jag är fri.

Inför Herren fröjdar jag mig.
Inför Herren fröjdar jag mig.
Inför Herren fröjdar jag mig.
Det är nog, det är nog, det är nog.

# Du är värd mitt allt

Jesus, Du är värd min beundran.
Jesus, Du är värd min lovsång.
Jesus, Du är värd min tillbedjan.
Du är värd mitt allt.

Du har köpt mig fri från synden.
Du har köpt mig fri från döden.
Du har köpt mig fri från meningslösheten.

Tack för att du jämt är hos mig!
Tack för att du jämt förstår mig!
Tack för att du lär mig hur jag ska leva!

Jesus, Du är värd min beundran.
Jesus, Du är värd min lovsång.
Jesus, Du är värd min tillbedjan.
Du är värd mitt allt.

# Nu kan jag gärna sjunga

Nu kan jag gärna sjunga.
Nu kan jag gärna jubla.
Nu kan jag gärna dansa,
för jag vet: Han älskar mig.

Jag är sprängfull utav lycka.
Det är nästan så jag skräms.
Vad du sen om mig kan tycka,
ska du inte tro jag skäms.

Han har tagit mina synder,
oron som jag släpat på.
Vad nu än min framtid rymmer,
kan jag trygg med honom gå.

Visst förstår jag många gånger,
att man tycker jag är knäpp,
när jag sjunger mina sånger,
medan andra hänger läpp.

Nu kan jag gärna sjunga.
Nu kan jag gärna jubla.
Nu kan jag gärna dansa,
för jag vet: Han älskar mig.

# Vi är med i Herrens segertåg

Vi är med i Herrens segertåg
med musik och sång och dans.
Aldrig förr en sådan fest man såg,
sådan överjordisk glans.
Nu ska urtidsdraken kedjas fast,
övervunnen av Guds Lamm.
Ondskans välde tar ett slut med hast.
Rätten flödar evigt fram.

Vi är med i Lammets krigsarmé,
ett befriat framtidsfolk.
Ande, kropp och själ kan jubla, le.
Glädjeyran är vår tolk.
Ingen kan förvägra oss vår rätt
till att glädjas inför Gud,
Vi är skaran som Han själv har klätt
i en helig högtidsskrud.

33

# Adventstid betyder ankomsttid

Adventstid – betyder ankomsttid.
Dags för stjärnan och ljusen.
Dags att städa och smycka husen.
Välkommen, kära adventstid.
Välkommen, advent!

Adventstid – betyder ankomsttid.
Julens brådska har kommit
med bakning, julmat och julklappsmöda.
Välkommen, kära adventstid.
Välkommen, advent!

Adventstid – betyder ankomsttid
för att Konungen kommer,
den allra högste men ändå ringe.
Välkommen, Jesus, min Herre!
Välkommen till oss!

# Advent – din Konung kommer till dig

"Advent – din Konung kommer till dig.
Advent – din Konung kommer till dig.
Känner du igen Honom, känner du igen
Honom?"

Lite mer vanlig än vi kunde tro.
Det verkar ju knappt religiöst!
Att himmelens Gud i en sån skulle bo,
det verkar väl lite för löst.
Han kunde vara min egen bror!
"Salig är du ändå, om du tror!"

Ryktena går om förvandlade liv,
där han har fått komma in.
Och kanske så ligger det någonting i
att ta honom till kungen sin.
Tänk, om förändringen blir för stor!
"Salig är du ändå, om du tror!"

"Advent – din Konung kommer till dig.
Advent – din Konung kommer till dig.
Känner du igen Honom, känner du igen
Honom?"

# Jesus är allt jag behöver

Jesus, skuggig oas i ett ökenland.
Jesus, lysande fyr i en stormig natt.
Jesus, skön melodi i en bullrande värld.
Jesus är allt för mig.

Jesus är allt jag behöver,
bröd och hem, en vidöppen famn.
Jesus är allt jag behöver.
Jesus, sköna namn!

Jesus, levande bröd för en hungrig själ.
Jesus, vidöppen famn i en värld av hat.
Jesus, hem för en flykting i otrygg tid.
Jesus är allt för mig.

Jesus, säkraste bro över upprörd sjö.
Jesus, tryggaste plats i en bombkrevad.
Jesus, skimrande port till en bättre värld.
Jesus är allt för mig.

Jesus är allt jag behöver,
bröd och hem, en vidöppen famn.
Jesus är allt jag behöver.
Jesus, sköna namn!

# Han kommer snart igen

Han kommer snart igen, den som jag väntar på.
Han skall ge frid åt vår jord, åt vår jord.
Jesus kommer snart. Jesus kommer snart.
Väntar du honom?
Jesus kommer snart.
Det blir underbart, underbart.

Ondskan skall bindas då.
Vapnen skall brännas upp.
Krigen skall glömmas bort, glömmas bort.

Ingen skall hungra då. Ingen skall hemlös gå.
Ingen skall vara rädd, vara rädd.

Han som är Frälsaren blir också Domaren.
Säg, skall Han frälsa eller döma dig?

Jesus kommer snart. Jesus kommer snart.
Väntar du honom?
Jesus kommer snart.
Det blir underbart, underbart.

# Gud ser dig

Finns det nån som kan säga var friden bor,
var jag kan finna ro?
Jag har sökt dag och natt
att min dröm hinna fatt.
Finns det frid? Säg, vad ska jag tro?

"Gud ser dig, vill ge dig av sin frid.
Gud hör dig, vill ge dig verklig ro."

O, jag minns än min barndoms försvunna frid
i långa sommardar.
Himmel blå, gräs så grönt.
Allt var rofyllt och skönt,
men nu finns bara ångest kvar.

"Gud ser dig, vill ge dig av sin frid.
Gud hör dig, vill ge dig verklig ro."

Jag har sålt min själ för världens glans,
förbränt mitt hjärtas mark.
Inget värde jag har,
bara aska är kvar
av den lycka som var så stark.

"Gud ser dig, vill ge dig av sin frid.
Gud hör dig, vill ge dig verklig ro,
vill ge dig Jesu frid."

# Hemlighet

Gud har en hemlighet som jag har fått höra
Gud har en hemlighet han viskat i mitt öra:
En lite annorlunda hemlighet,
för den blir större ju fler som vet.

Kristus är Guds stora hemlighet
att krossa ondskan, skapa fred och salighet,
ge nytt liv och mening, mål och verklighet.
Kristus är Guds stora,
Kristus är Guds stora hemlighet

Så många djupa läror finns det i världen
som säger att dom ska ge vägledning
på färden,
med grumlig lära och ett krångligt bud.
Jag litar nog på det jag hört av Gud.

Guds hemlighet är enkel, men den vinner:
En korsmärkt hand som plötsligt
avväpnar och binder
de onda krafter som har styrt vår jord.
Och kaos blir till kosmos på hans ord.

Kristus är Guds stora hemlighet
att krossa ondskan, skapa fred och salighet,
ge nytt liv och mening, mål och verklighet.
Kristus är Guds stora,
Kristus är Guds stora hemlighet

# Inte alls

Tro kan man väl göra på vad som helst?
"Inte alls! Inte alls!"
Jag tror Gud finns. Räcker inte det?
"Inte alls! Inte alls!
Du måste tro på Jesus, min vän.
Det är vägen till himmelen.
Tro på Jesus! Tro på Jesus"

Jesus var väl en vanlig man?
"Inte alls! Inte alls!"
Övermänniska var han förstås?
"Inte alls! Inte alls!
Han var Guds egen levande Son,
som kom till jorden fjärran ifrån.
Han var Guds Son, han var Guds Son."

Men han dog väl som alla gör?
"Inte alls! Inte alls!"
Ja, han dog för sin tro, förstås!
"Inte alls! Inte alls!
Han dog för dina synder, min vän,
försona' hela mänskligheten,
dog för alla, dog för alla."

Dog han, så var det väl slut med det?
"Inte alls! Inte alls!"
Då är det hopplöst att tro och be...
"Inte alls! Inte alls!
Han uppstod och han lever i dag.
Han hjälper den som känner sig svag.
Jesus lever! Jesus lever!"

# Tänk på vilodagen

Tänk på vilodagen, så att du helgar den!
Gör ett litet uppehåll i gräsklippningen,
ogräsrensningen, biltvättningen,
mattpiskningen och städningen!

Öppna din Bibel! Be en enkel bön!
Sjung till Guds ära en lovsång skön!
Veckans andra dagar blir bättre efter de´.
Timmarna och pengarna dom räcker, ska du se.

Gå i Kristi kyrka och lyssna till Hans Ord!
Träffa Herrens vänner
och gå fram till nådens bord.
I tro rättfärdiggjord och styrkt av goda ord,
ej tillintetgjord och fylld av T-V-mord.

Öppna din Bibel! Be en enkel bön!
Sjung till Guds ära en lovsång skön!
Veckans andra dagar blir bättre efter de´.
Timmarna och pengarna dom räcker, ska du se.

# Höstpsalm

Våren och sommaren har nu förflutit.
Mycket härligt har vi nu njutit,
många blommor har vi ju brutit
och glatts över alla frukter och bär.
Nu är vattnet kallt och till bad inte lockar.
I stället för smultron vi svampar plockar,
I stövlar vi går över stenar och stockar,
och linnet är hemma och jackan är här

Tack, Herre, tack för den härliga hösten
då klara, svala luften ger mig trösten,
tidiga kvällar, tända ljus och kära rösten
från min bästa vän värmer, liksom tekoppen!
Tack, Herre, tack för det härliga livet,
tack för allt som här blev mig givet.
Tack för Ordet som blev mig skrivet!
Nu är höstens dag, och här lever jag.
Nu är höstens dag, och här lever jag.

Nu har det mesta av skördarna bärgats.
Nu får vi vila lite, löven har färgats.
Visst har en del av stormen väl härjats,
men vi har härdat ut och vi lever än.
Lärkträden, gula i novemberdiset,
trattkantareller där i blåbärsriset,
titta bara noga och på rätta viset!
Mycket finns att njuta om hösten, min vän!

Hösten i livet, det är inte så farligt.
Ganska mycket kvar, ta det bara varligt!
Efter jorden finns himlen, hur saligt!

Där är vi friska och starka igen.
Sakna inte sommarn, den är snart tillbaka!
Smaka nu och njut av höstens rika kaka!
Än finns lite kvar av livet att få smaka.
När det blir dags, så går vi Hemåt sen.

Tack, Herre, tack för den härliga hösten
då klara, svala luften ger mig trösten,
tidiga kvällar, tända ljus och kära rösten
från min bästa vän värmer, liksom tekoppen!
Tack, Herre, tack för det härliga livet,
tack för allt som här blev mig givet.
Tack för Ordet som blev mig skrivet!
Nu är höstens dag, och här lever jag.
Nu är höstens dag, och här lever jag.

# En läsepsalm

Du känner mig så väl.
Nu vill jag känna dig.
Du räddade min själ,
gav evigt liv till mig.
Jag hela livet känt
du drar mig åt ditt håll.
Nu jag min kosa vänt
att känna dig, din roll.

Jag anar här din doft,
en skymt av dig berör.
I kyrkans valv och loft
ibland din röst jag hör.
Jag längtar desperat
att se och höra mer,
en hunger, ej till mat,
till det du är och ger.

Visst vet jag du är god,
är Gud, min Frälsare,
men jag är kött och blod
och längtar att dig se.
En lugn och logisk tro
tycks inte räcka till.
På längtans ranka bro
jag ut nu träda vill.

Som andra före mig
jag söker efter mer,
jag längtar efter dig
och inte det du ger.
Du gav mig denna törst.

Nog släcker du den väl?
Och du som sökte först,
nog finner dig min själ?

# Se på oss! Se en skymt av Jesus !

*(Apostlagärningarna 3:4)*

Se på oss! Se en skymt av Jesus!
Se på oss! Nu är Jesus här.

Vad vi har, det ger vi dig –
Jesu Ord, Jesu namn, Jesu kraft.
Vad vi har det ger vi dig,
ja, det ger vi dig.
Vad vi har, det ger vi dig –
Jesu Ord, Jesu namn, Jesu kraft.
Se på oss! Nu är Jesus här.

Se på oss! Se en skymt av Jesus!
Se på oss! Nu är Jesus här.

# Räck ut din hand

Har du problem som räcker upp till himlens sky?
Tycks natten mörk, som skulle dagen aldrig gry?
Är mänsklig hjälp förgäves,
står du ensam i din strid?
Jag vet en väg som leder till en verklig frid.

Räck ut din hand och rör vid Jesus i tro,
och mellan dig och Allmaktens Gud
det byggs en bro!
Och sen kan vad som helst ske:
Lama kan gå och blinda se.
Räck bara ut din hand och rör vid Jesus i tro!

Så många andra har haft samma kamp som du.
Så många dignar under tunga bördor nu.
Men det finns bara en som hjälper dig
ur all din nöd.
Och Han är här. Han älskar dig med evig glöd.

Räck ut din hand och rör vid Jesus i tro,
och mellan dig och Allmaktens Gud
det byggs en bro!
Och sen kan vad som helst ske:
Lita på Gud! Han hjälp skall ge.
Räck bara ut din hand och rör vid Jesus i tro!

## Arvsanlag

När man är Guds barn, då har man väl hans
arvsanlag, kan jag väl tro.
"Tror jag det, tacka för det!"
När man är Guds barn, då har man väl hans
anletsdrag, kan jag väl tro.
"Tror jag det, tacka för det!"
Om genom mig det flödar fram ett evigt liv,
och om jag verkar ha små drag
av kärlek, glädje frid,
och om jag är en aning lik min Herre Jesus Krist,
så kanske det beror på att han är min bror,
och vi har samme Far, en Gud så stor.
När man är Guds barn,
då har man väl hans arvsanlag
och anletsdrag, kan jag väl tro.
"Tror jag det, tacka för det!"

# Vill du se Guds nya kreation

Vill du se Guds nya kreation?
Titta då på mig! Titta då på mig!
Tycks jag va' en ordinär person?
Så är det inte, nej! Så är det inte, nej!
Guds kraft och eviga liv
flödar genom min person.
Jesus bor här inuti.
Vilken jättesensation -
att va' en helt ny skapelse,
att va' Guds nya kreation!

Jag fick förlåtelse
genom min Frälsare,
blev Guds barn och arvinge
genom att tro och be.
En helt ny skapelse
för vem som helst att se.

Vill du se Guds nya kreation?
Titta då på mig! Titta då på mig!
Tycks jag va' en ordinär person?
Så är det inte, nej! Så är det inte, nej!
Guds kraft och eviga liv
flödar genom min person.
Jesus bor här inuti.
Vilken jättesensation -
att va' en helt ny skapelse,
att va' Guds nya kreation!

## Så är det när jag ber

En liten människa långt borta någonstans
tar telefon, slår numret hem,
och snart hörs rösten av den,
som man älskar så,
och man får prata med sin vän.
Vad skönt att säja några ord och sen få svar,
att få berätta hur det känns,
att gråta ut eller tillsammans skratta till,
att få ett råd, som är en väns.

Så är det det när jag ber till Gud:
Jag får kontakt och jag får svar.
Så är det när jag ber till Gud:
Himmelsk luft i vart andetag jag tar
Så är det när jag ber till Gud:
I Jesu namn är Skaparen min Far, min  käre Far.
Så är det, när jag ber. Så är det när jag ber.

Långt ner i djupet sköter nån ett farligt jobb -
att rädda liv som står på spel.
Det är riskabelt i en främmande miljö -
helt utan luft om nåt blir fel.
Han hämtar luft ifrån en syrgasapparat
eller en slang där uppifrån,
där det finns härlig luft och trygghet, ljus och liv,
och därför kan han kämpa på.

En vanlig människa ska plötsligt klara av
en massa frågor och problem.
Hon kopplar in den lilla dator som hon har
på Internet med sitt modem.
Och plötsligt finns det svar på frågorna hon har.
Hon har fått hjälp långt bortifrån!
Det finns fantastiska resurser någonstans,
som man har chans att koppla på.

Så är det det när jag ber till Gud:
Jag får kontakt och jag får svar.
Så är det när jag ber till Gud:
Himmelsk luft i vart andetag jag tar
Så är det när jag ber till Gud:
I Jesu namn är Skaparen min Far, min  käre Far.
Så är det, när jag ber. Så är det när jag ber.

# Det finns en ny kraft inom mig

Det finns en ny kraft inom mig.
Jag vågar mycket mer,
och jag kan mycket mer.
Det finns en ny kraft inom mig.
Och jag hör och ser
och förstår mycket mer.
Det är inte av mig själv,
men en gåva uppifrån,
Inte något som jag äger
men ett tillfälligt lån.
Det finns en ny kraft inom mig.
Herrens Ande, den stora kraften finns hos mig.
Vishetens Ande, glädjens källa finns hos mig.
Därför kan jag göra,
se och höra
sånt jag inte kan i mig själv.

## Halleluja i alla fall

Ofta går det snett.
Det som vi ville det blev inte rätt.
Frågorna står kvar.
Länge vi väntar på svar.

Halleluja i alla fall!
Herren lever, Herren verkar.
Halleluja i alla fall!
Jag följer honom hur det än går.

Luften den gick ur.
Segern kom av sig (min vanliga tur!).
Ändå vet jag de':
Jesus, min Herre, är me'.

Slutet ska bli gott.
Kristus har segrat. Hans seger vi fått.
Natten blir till dag.
Där i hans solsken står jag.

Halleluja i alla fall!
Herren lever, Herren verkar.
Halleluja i alla fall!
Jag följer honom hur det än går.

# Den som tror och blir döpt

Den som tror och blir döpt, han ska bli frälst
Den som tror och blir döpt, han ska bli frälst

Omvänd dig och låt döpa dig,
då ska du få den helige Ande!
Omvänd dig och låt döpa dig,
då ska du få den helige Ande!

Jesus dog, men han uppstod sen.
Så får vi dö och uppstå i dopet.
Jesus dog, men han uppstod sen.
Så får vi dö och uppstå i dopet.

När du döps, blir du iklädd Kristus,
och Kristi renhet den blir också din.
När du döps, blir du iklädd Kristus,
och Kristi renhet den blir också din.

Den som tror och blir döpt, han ska bli frälst
Den som tror och blir döpt, han ska bli frälst

# Har du blivit döpt till Kristus?

Har du blivit döpt till Kristus,
försonad med Jesu död och liv?
Har du blivit döpt till Kristus
och iklädd honom till evig tid?

Tro och låt döpa dig!
Det är vägen till frälsningen.
Tro och låt döpa dig!
Det är vägen till Gud.

Har du blivit döpt till Kristus
och blivit en lem i Kristi kropp?
Har du blivit döpt till Kristus,
förenad med andra i tro och hopp?

Har du blivit döpt till Kristus?
Den Helige Ande är lovad då.
Har du blivit döpt till Kristus?
Hans rika gåvor kan du ju få.

Tro och låt döpa dig!
Det är vägen till frälsningen.
Tro och låt döpa dig!
Det är vägen till Gud.

# Du ska inte ha andra gudar

Du ska inte ha andra gudar
vid sidan av Jesus Kristus.
Han är ju Guds porträtt,
Guds avbild rätt och slätt.
Genom dopet i Faderns och Sonens
och den helige Andes namn
så blir du född på nytt,
frälsningsdagen för dig har grytt, den har grytt.

Det är enkelt att förstå,
och ändå ganska svårt att gå.
Vara sökare gick väl an,
men nu, när du Honom fann,
ja, hur ska du göra då?
Släpp det andra, bara gå!
Ja, välkommen i Jesu namn, i Jesu namn!

Du ska inte ha andra gudar
vid sidan av Jesus Kristus.
Han måste komma först. Han måste vara störst.
Låt oss följa Hans lära och fotspår
genom lydnad och ärlig bön!
Det är att vara from,
ja, det kallas kristendom, kristendom.

## Här och nu

Här och nu.
Vår Gud är här och nu.
Han gjorde under förr, ja visst!
Och Han ska ju segra klart till sist.
Men Han är här och nu.
Vår Gud är här och nu.
Just nu går Hans flöde fram ibland oss här.
Vi tar emot, och hela, fria, fyllda är.
Var är du? Du är väl här och nu?
Vår Gud är här, här och nu.

Ja,vi är här, här och nu.

# Gud, du är min Gud
Psaltaren 63:2, 5

Gud, du är min Gud.
Tidigt jag söker dig,
törstar jag efter dig
som ett torrt land efter vatten.

Jag lovsjunger dig så länge jag lever
och min mun ska prisa ditt namn.
I ditt namn lyfter jag mina händer,
trygg som ett barn i sin moders famn.

Gud, du är min Gud,
men det förstod jag ej.
Synderna tyngde mig,
tills jag bad i Jesu namn.

Gud, du är min Gud
och hela världens Gud.
Evigt jag lovsångsljud
till din ära vill uppstämma.

Jag lovsjunger dig så länge jag lever
och min mun ska prisa ditt namn.
I ditt namn lyfter jag mina händer,
trygg som ett barn i sin moders famn.

# Gud är den som verkar i er

*(Filipperbrevet 2:13 - 1917)*

Hur ska vi veta vad Gud befallt?
Vi vill ju följa Hans ord i allt.
Vi vill ju göra något för vår Gud.
Vad är Hans vilja, vad är Hans bud?

Gud är den som verkar i er
både vilja och gärning,
för att Hans goda vilja ska ske,
för att Hans goda vilja ska ske.

Gud kan ju göra mer än vi tror
genom den kraften som i oss bor.
Bara vi låter Kristus ta gestalt
i våra tankar, leder Han allt.

Ja, vi vill prisa Herren i dag
för att Han brukar den som är svag.
Vilja och handling blir som Han har tänkt.
Genom Hans Ande kraften är skänkt

Gud är den som verkar i er
både vilja och gärning,
för att Hans goda vilja ska ske,
för att Hans goda vilja ska ske.

# Riket med osynlig gräns

Ser du riket med osynlig gräns,
men som når in i vartenda land?
Den da'n jag föddes på nytt kom jag in
i det riket med osynlig gräns.
Varenda en där är lika mycket värd,
och bara godhet kan trivas där,
Ja, bara godhet kan trivas där
i det riket med osynlig gräns.

Ja, Guds Rike det är med Kristus som Kung,
där Guds vilja alltid sker.
Guds Rike det är med Kristus som Kung och
ingen splittring mer.

Andra riken, de faller ihop.
Mäktiga män sjunker ner i skräck,
När allt de litat på bara knäcks.
Alla riken, de faller ihop.
Du har en chans att bli född igen:
Lita på Herren, bekänn Frälsaren,
Och i ett nu har du kommit in
i ett rike som aldrig förgår.

Ja, Guds Rike det är med Kristus som Kung,
där Guds vilja alltid sker.
Guds Rike det är med Kristus som Kung och
ingen splittring mer.

## Guds barn

Anden själv vittnar med vår ande
att vi är Guds barn.

Förr så var vi syndens trälar
utan glädje och frid.
Jesus kom och gav oss frihet.
Nu är vi hans för alltid.

Anden själv vittnar med vår ande
att vi är Guds barn.

Jesus dog för våra synder,
men han uppstod sen.
Satans makt den har han krossat.
Nu är vi fria igen.

Anden själv vittnar med vår ande
att vi är Guds barn.

Genom Jesus kom vi nära Gud
och nu är vi Hans barn.
Hela universum det är vårt.
Vi är Guds arvingar.

Anden själv vittnar med vår ande
att vi är Guds barn.

# Gå ut i vattnet

Gå ut i vattnet,
följ honom hela vägen!
Den som tror och blir döpt
ska bli frälst.
Vänd om från synden!
Sätt tro till Jesus!
Dopet bär dig in
i ditt nya liv.

En yttre rening
med en inre mening –
dop i djupt, klart vatten,
när man har vänt om.
Om det verkar viktigt,
Om det är på riktigt,
svarar du ditt ja,
när han kallar "Kom!"

Gå ut i vattnet,
följ honom hela vägen!
Den som tror och blir döpt
ska bli frälst.
Vänd om från synden!
Sätt tro till Jesus!
Dopet bär dig in
i ditt nya liv.

# Gör dig inte illa mera!

Gör dig inte mera illa!
Se på mig, ja, titta opp!
Kära flicka, söta, lilla –
nyss anländ i en kvinnas kropp.
Jag vill du slutar att dig skära
där andra inte vet och ser.
Jag önskar någon var dig nära,
fick dig att inte gråta mer.

Jag vet att någon tittar på dig,
ser med varma ögon nu,
Inte slukar dig med blicken,
nej, han ser det som är du.
Han känner det som gör dig illa,
han bar ju hela världens sår.
Han håller om dig, stilla, stilla.
Han tar din ångest, om han får.

Gör dig inte illa mera!
Skada inte din egen kropp!
Jag ber dig: Våga acceptera –
det finns en som vill ge dig hopp.

# Herrens glädjeflod

Salighetens rena flod
fanns vid korsets fot.
Av min Frälsare så god
tog jag frälsning emot.

Strömmar av glädje finns
där Guds Ande bor.
Av annan fröjd jag minns
ingen varit lika stor.

Sedan synden tvättats av
uti dopets bad,
Han mig Andens gåva gav,
nådens glädjekaskad.

Strömmar av glädje finns
där Guds Ande bor.
Av annan fröjd jag minns
ingen varit lika stor.

Aldrig vill jag lämna den,
Herrens glädjeflod.
Där har själva himmelen
landat på vår jord.

Strömmar av glädje finns
där Guds Ande bor.
Av annan fröjd jag minns
ingen varit lika stor.

# I nådens rum

I nådens rum där får jag bo,
Där har jag glädje, och där finns ro.
Dit kom jag in på grund av tro.
I nådens rum där vill jag bo.

Förlåtelse, rent samvete -
i Jesus Kristus har jag de'.
Befrielse och helande -
var dag Han ger förnyelse.

Så slapp jag från fördömelsen,
förtappelsen och grämelsen.
I nådens rum finns hopp igen.
Där bor befrielsen och smörjelsen.

I nådens rum jag dröjer än.
Ur Herrens hand ges välsignelsen.
Och Anden viskar till mig igen:
"Här är en förgård till himmelen."

I nådens rum där får jag bo,
Där har jag glädje, och där finns ro.
Dit kom jag in på grund av tro.
I nådens rum där vill jag bo.

## Inte utan dig, Gud

Inte utan, dig, Gud, inte utan dig.
Inte ett steg, Gud, utan din Ande.
Kom, helige Ande,
kom, helige Ande.
Inte ett steg utan dig,
inte ett steg utan dig.

# Jesus, håll mig nära dig

Jesus, håll mig nära dig,
så jag blir som du vill ha mig,
så jag tänker, vill och gör
som du tycker att jag bör!

När jag glömmer mig,
börjar göra som jag vill,
när jag gömmer mig,
rädd att inte räcka till,
aldrig du fördömer mig.
Håll mig fast och håll mig still!

Jesus, håll mig nära dig,
så jag blir som du vill ha mig,
så jag tänker, vill och gör
som du tycker att jag bör!

# Jag är glad

Jag är glad, för Jesus är hos mig.
Jag är fri, för han har gjort mig fri.
Jag är trygg. Jag vet han leder mig.
Jag har frid. Min ångest är förbi.

Himmelen har landat här,
nu när Jesus hos mig är.
Han ger kraft att klara av
alla problem som jag har kvar.

Jag får tacka, jag får be,
vad som än omkring mig sker.
Och när jag har gjort nåt fel,
ger han mig sin förlåtelse.

Jag är glad, för Jesus är hos mig.
Jag är fri, för han har gjort mig fri.
Jag är trygg. Jag vet han leder mig.
Jag har frid. Min ångest är förbi.

# Jag tar på mig högtidskläder

Jag tar på mig högtidskläder,
för jag ska möta Konungen.
Halleluja, Halleluja,
Halleluja, Halleluja!
Jag ska möta Konungen.

Jag tar på mig rena kläder,
för jag ska möta Konungen.
Halleluja, Halleluja,
Halleluja, Halleluja!
Jag ska möta Konungen.

Jag tar på mig glädjens kläder,
för jag ska möta Konungen.
Halleluja, Halleluja,
Halleluja, Halleluja!
Jag ska möta Konungen.

# Omgivna av en sky av vittnen

Omgivna av en sky av vittnen vill vi hålla ut.
Omgivna av en sky av vittnen vill vi hålla ut.
Med blicken fäst vid Jesus,
med blicken fäst vid Jesus.
Omgivna av en sky av vittnen vill vi hålla ut.

Noa, Abraham, Debora och Rut,
David, Daniel,
en rad nästan utan slut

Petrus, Paulus, Maria, Barnabas
och vår tids kristna hjältar,
som slutat sitt arbetspass.

Omgivna av en sky av vittnen vill vi hålla ut.
Omgivna av en sky av vittnen vill vi hålla ut.
Med blicken fäst vid Jesus,
med blicken fäst vid Jesus.
Omgivna av en sky av vittnen vill vi hålla ut.

# Han kom som ett litet barn

När Jesus kom hit till vår planet,
då kom han inte i nåt rymdskepp.
Han lämnade himlens härlighet
och kom som ett litet barn,
han kom som ett litet barn.
Och Maria såg på pojken i knät:
"Tänk, att han är Guds egen Son!"
Och Maria såg på pojken i knät:
"Tänk, att han är Guds egen Son!"

# I Betlehem

Josef och Maria
reste upp till Betlehem.
Alla rum var fulla,
det fanns ingen plats för dem.
I en krubba lade hon
Jesus Krist, Guds egen Son.
Josef och Maria
reste upp till Betlehem.

Herdarna på marken
skyndade till Betlehem.
Utav änglakören
hörde de om Frälsaren.
För till enkla människor
har vår Gud en kärlek stor.
Herdarna på marken
skyndade till Betlehem.

Vise män från Östern
reste upp till Betlehem.
De kom inte vilse,
för en stjärna ledde dem.
Och till Jesus förde de
myrra, guld och rökelse.
Vise män från Östern
reste upp till Betlehem.

Jesus, du som föddes i det lilla Betlehem.
Kom till alla hjärtan, kom till alla mänskors hem!
Tack att du oss alla ser,
tack för friden som du ger,
Jesus, du som föddes i det lilla Betlehem!

# Vid dagens slut

Vid dagens slut får jag säga:
«Gud är god.
Vid varje ovisst steg Han hos mig stod.
Vad tryggt det är att få ha Gud så nära
och att ha Jesus som sin Storebror!»

Vid livets slut får jag säga:
«Herre kär!
Nu mörknar stigen för mig, hem mig bär!
Vad tryggt det är att få ha Gud så nära
och att ha Jesus som sin Storebror!»

# ”Spaltare” -
## prosatexter från min blogg och liknande

# Ordens makt och ordens ansvar

I en av mina älsklingsfilmer säger en av huvudpersonerna: "Du har mejl - det är tre kraftfulla ord".
Ja, ord har stor makt – på gott och ont.

Nyss började jag läsa Gamla Testamentet igen i min personliga bibelläsning där jag det senaste året i alla fall de allra flesta dagar läser tre kapitel i Gamla Testamentet och ett kapitel i Nya Testamentet.
När jag nu har läst skapelseberättelsen igen har jag slagits av kraften i Guds Ord och orden överhuvudtaget. Guds Ord skapar himmel och jord och stjärnor och planeter och det myllrande livet på den märkliga och vackra planeten Jorden. Gud skapar och formar också människan till sin avbild och lägger skapelsen under människans herravälde och inbjuder människan att bli Guds medarbetare eller medskapare. Det är Ordet /orden som skapar och detta är också en del av människans "rådande" över skapelsen. Adam får uppdraget att ge namn åt djuren, och så som han kallar dem så får de heta, berättar Bibeln. Detta med Adams namngivning av djuren är i mina ögon mycket tankeväckande. Orden som uttrycker tankar och vilja och känslor är det som kännetecknar människan. Min tanke är också att oavsett hur mycket beteendeforskare och vetenskapsmän får fram om valars och delfiners och schimpansers kommunikation och språk, så kan de inte överbrygga den grundläggande

75

skillnaden mellan människor och djur. Att till och med djuren har små stänk av kommunikation eller "tankar" tar inte ifrån människan något av hennes särställning. Trots allt har ju djuren och människan samma Designer och Han sätter sin design som en personlig namnteckning i allt Han gör.

Orden – talade eller skrivna – formar vår kultur och vår världs öde i hög grad.

Ordet och orden är kanske den mest dominerande delen av min personlighet och begåvning – på gott och ont. Jag har lätt för att uttrycka mig och formulera det jag vill säga. Sen hjälper det ju inte helt och hållet vad jag har sagt eller skrivit, förstås! Den som läser eller lyssnar formar ju budskapet efter sina tankar och personlighet och föreställningsvärld. Det jag menade i tal eller skrift kan bli förstärkt, försvagat eller förvrängt av den som tar emot budskapet.

En vän till mig har flera gånger påpekat risken med att skriva mejl och brev när man reagerar inför något. Det är bättre att mötas personligen och prata, menar han. Det är sant, och jag borde tänka mig för ännu mer innan jag skickar iväg mina brev.

Men det finns en fördel med att skriva framför att prata: Man kan väga orden och formuleringarna och så småningom sända iväg just de ord man vill säga och som man står för. Sen finns alltid risken för mottagarens och läsarens

76

övertolkningar av orden eller misstro när det gäller att avsändaren menar exakt det han eller hon har skrivit.

Mitt livs bygge och livsverk är ju inte någon villa, sommarställe eller ens den minsta lilla redskapsbod. Det är inte någon välskött trädgård någonstans som jag har lämnat vidare till nästa ägare. Och det är inga bankkonton eller fonder som kan ge min familj eller några hjälporganisationer välbehövliga tillskott i kassan. Det är orden jag lämnar ifrån mig hela tiden i samtal och predikningar. Det är mina sångtexter och mina dikter och brev till människor och de prosastycken jag har skrivit. Bibeln talar om att vi ska stå till svars för orden i vårt liv. Det är på ett sätt skrämmande, för väldigt många av våra ord är ju tanklösa, triviala eller kanske fyllda av själviska tankar eller vrede eller avund.

Mitt enda hopp i allt detta är Jesu försonande gärning och renande blod och att jag får leva i Hans ständiga förlåtelse. Och min förhoppning är trots allt att en del av mina många ord och texter ska vara en del av det goda i universum. Måtte det finnas ord som har väglett och tröstat och gett glädje, kraft och livsmod!

Den andra sidan av orden i våra liv är ju hur vi lyssnar och läser och tar emot orden. Lika viktigt som att vi försöker tala och skriva rent och rätt och så ärligt vi kan – och så vänligt vi kan – är det att vi tar emot orden så rätt och ärligt och positivt vi kan. Om vi vill att våra ord ska bedömas och tas emot förutsättningslöst och utan baktankar eller illvilja så måste vi också ta emot andras ord på det viset. Hur ofta har inte jag läst in mer än vad som menades i andra människors ord?

Ibland får man väl berättigade misstankar om att det man hör eller läser inte är riktigt sant eller ärligt. En del är väldigt klarsynta på det här området och har en inneboende "radar" eller lögndetektor. Jag vet att jag till min läggning är lite väl troskyldig och lättlurad. I viss mån är det faktiskt ett medvetet val. Det är förmodligen bättre i det långa loppet att tro gott om andras ord och avsikter (och ibland bli sårad och lurad) än att ständigt misstro andra och på så sätt tillfoga andra människor skada.

En del smällar i livet kanske jag har förtjänat genom hur jag har sett på andra och behandlat andra....

I det stora hela har jag varit oerhört lyckligt lottad och för det mesta "gått på plus" i den ekonomi som inte handlar om kronor och ören.

När jag var ung student och "den ljusnande framtiden" var min vägde jag i mina tankar mellan olika yrkesbanor inom språk, musik eller kanske som diplomat. Nu omkring femti år senare kan jag le åt den där unge mannen. Diplomat?! Det är väl det yrke jag skulle passa sämst för av alla yrken. Diplomati ligger inte för mig. Och de som känner mig bäst tycker att det är pinsamt lätt att läsa i mitt ansikte och beteende när jag blir irriterad över någons ord eller handlingssätt, även när jag tycker att jag behärskar mig så bra. Diplomat, pyttsan! En yngre släkting till mig arbetar som diplomat och han har mycket av det uppträdande som krävs inom det området. Ja, det är länge sen jag slutade vilja vara diplomat. Om jag ändå i stället kunde förena profetens patos och rättframhet med själavårdarens omsorg och läkande ord! Om det fanns en bra kombination mellan Johannes Döparen och Barnabas, kallad Tröstaren, så skulle jag vilja gestalta den.

I bästa fall utvecklas vi under livets gång och formas till människor som det går att leva tillsammans med. Om vi får ha lite självinsikt och ödmjukhet kanske vi i alla fall kan göra varje misstag bara en gång eller så få gånger som möjligt.

Om orden är mitt uppdrag och förvaltarskap så kan jag inte sluta tala och skriva. Jag får försöka bevara och utveckla förmågan att vilja väl och tala och skriva så rätt och bra jag kan. Må Hjälparen, den helige Ande, ge förmåga, kraft och nåd!

"Och allt vad ni gör i ord eller handling, gör det i Herren Jesu namn och tacka Gud, Fadern, genom honom." (Paulus i Kolosserbrevet kapitel 3:17)

# Femtio år i yrket

För ett tag sen kom jag att tänka på att det var femtio år sen jag började min yrkesbana som kristen förkunnare och predikant. Det är en oändligt lång tid för en ung människa att tänka sig framåt. Det är också en tid som tycks bara ha flugit iväg när man som 70-åring ser tillbaka på den.

Jag kan knappast påstå att jag var någon fullfjädrad yrkesman i början – om jag nånsin blev det, förresten. I pingströrelsen på slutet av 1960-talet var det få pingstpastorer som hade seminarium, pastorsutbildning eller teologisk högskola bakom sig när de började sin yrkesbana. Ofta hade de gått en eller flera fyraveckors bibelkurser, så kallade "bibel-skolor", som några församlingar hade som ett återkommande inslag varje år. Då inbjöds erfarna bibellärare och pastorer från olika håll i landet att komma och undervisa de blivande förkunnarna.
Men dessa "bibelskolor", som de kallades, var inget avgörande krav för att få arbeta i en pingstförsamling. Minimikravet var att man kände "Guds kallelse", att man var andedöpt själv (och således kunde representera pingstväckelsen) och att man hade rekommendation från sin egen församling att gå in i en sådan tjänst.
Bibelskolorna hade en viktig funktion förutom att undervisa i Bibeln och inspirera till tjänst åt

Gud. De var också ett slags arbetsförmedling som ofta hade kontakt med pingstförsamlingar som sökte "vittnen" som predikanterna ofta kallades. En huvuduppgift var ju att vittna om Jesus och frälsningen, det kristna livet och sina egna erfarenheter. Att förkunna och predika kallades ofta att "vittna". Det lät ju också lite mindre pretentiöst att säga "vittna" än att säga "predika".

En vanlig modell för att komma ut i yrkeslivet som förkunnare i pingströrelsen var alltså att med hjälp av pastorerna i "bibelskoleförsamlingen" och lärarna på bibelskolan hitta församlingar och mer erfarna pingstpredikanter som behövde medarbetare, s.k. "evangelister" till sin församling, antingen på centralorten eller kanske till kapellet på "utposten" i byn eller det mindre samhället i närheten. De flesta församlingar hade filialer, kallade utposter, där man bedrev verksamhet med gudstjänster, söndagsskola, bönemöten och liknande. Ordet evangelist finns i Nya Testamentet och betecknar oftast en erfaren förkunnare och ledare med särskild inriktning på att sprida det kristna budskapet och grunda nya församlingar. Uttrycket användes i den svenska pingströrelsens tidigare decennier huvudsakligen för att beteckna en nybörjarförkunnare och lärling som så småningom växte in i uppgiften att bli medarbetande pastor eller andrepastor och så småningom föreståndare, dvs huvudpastor i en församling.

För min del del blev jag predikantlärling utan

föregående bibelskola. Efter studentexamen och ett års värnplikt arbetade jag som lärarvikarie i engelska och och nybörjarfranska en termin. Under den hösten 1967 fick jag en inre visshet om att Gud kallade mig att bli förkunnare. Det var också den hösten som jag upplevde andedopet, pingstupplevelsen. Mina pastorer i Pingstkyrkan i Norrköping såg positivt på mina planer eller min längtan och förmedlade kontakt med pingstförsamlingen i Gävle. Där behövde man en medarbetare som gärna också kunde spela och sjunga och hjälpa till med sång och musik i församlingen. Jag förstår nu att det hade stor betydelse för mina möjligheter att förverkliga min längtan att bli förkunnare, att jag hade spelat piano i ganska många år och också fått lektioner i orgelspel och att jag gärna sysslade med sång och musik.

Så kom jag till ett vintrigt Gävle alldeles i början av januari 1968 och fick börja som evangelist och predikantlärling hos en erfaren och klok pingstpastor vid namn Georg Johansson. Han blev min mentor, fast jag inte kände till det ordet förrän många år senare.

Det blev sexton år som evangelist, sångledare och kantor, missionär i Indien, andrepastor och vice församlingsföreståndare och kursledare för en ettårig bibelskola. Under de åren bodde jag med min familj på flera olika platser. Sedan kom min första tjänst som huvudpastor och föreståndare i Strängnäs och sedan missions-tjänst under ett par år på heltid för Sovjet-unionen. Därefter blev det pastortjänst igen kombinerat med resor till ryskspråkiga länder fram till pensionsåldern och lite till. Och i februari 2018 efter femtio år i yrket, avslutade jag en deltidstjänst som pastor i Skänninge.

"Här är ditt liv" var en programserie på TV som blev omåttligt populär. Någon känd person var gäst hos programledaren som hemligen hade inbjudit olika personer att berätta om olika händelser i den aktuella personens liv. Det blev en kavalkad och sammanfattning av livet under några decennier.

Numera skriver en del kändisar sina memoarer redan i trettioårsåldern. Det är ju så bråttom nuförtiden. Och antalet hitlåtar eller pengar på banken eller personliga skandaler eller kändisstatus är tillräcklig anledning att skriva ner sin samlade visdom och ge den till omvärlden.

Mina femtio år i yrket har inte gjort mig till expert på att vara pastor. När man arbetar med människor och andliga erfarenheter och gruppdynamik och liknande, upptäcker man ständigt att man fortfarande bara är en lärling. De femtio åren i yrket har ändå lärt mig respekt för uppgiften och för mina kolleger, alla dessa människor som i decennier eller kanske bara en kortare tid tjänstgjort i pastorsuppgiften. Många av dem har fått en mycket otacksammare lott än jag med mindre omväxling, enformigare uppgifter och kanske mera motgångar också men har ändå träget och troget fortsatt.

Trots många misslyckanden och en del motgångar och smärta i själen under femtio år är jag överlycklig över mitt val av yrke. Fast jag ser det ganska mycket som att yrket valde mig. Eller får jag säga att jag tror att Gud kallade mig, även om det naturligtvis kan vara inbillning från min sida?

Jag vet i alla fall att några av min ungdoms stora intressen och drömmar för livet knappast kunnat infrias bättre i något annat yrke. Språk och musik och resor och tron på Jesus och att få sprida budskapet om honom, var kan man få den kombinationen i något yrke och arbetsliv? Jo, i femtio år i yrket som pingstpredikant.

# Hjärtats språk

I Sverige talar man svenska. Ja, man måste inte tala svenska, och just nu talas hundratals språk i Sverige, inte bara i större städer utan också i mindre samhällen och på landsbygden. Jag för min del älskar språk över huvudtaget och skulle väldigt gärna vilja kunna tala spanska och arabiska t.ex - två stora och viktiga språk i världen. Det jag vill poängtera är att i Sverige är det viktigaste och största språket svenska. Det är mitt modersmål, det jag hörde min mamma tala och sjunga på när jag låg vid hennes bröst och fick mitt andra slags modersmål, modersmjölken. Jag minns ju inte den tiden, men jag vet att det var så. Från några månaders ålder hörde jag kinesiska omkring mig i Yunnan i sydvästra Kina, där mina föräldrar bodde och arbetade som missionärer ett par år. Sen gjorde Maos revolution att alla utländska missionärer brådstörtat måste fly eller flytta, och då blev det södra Indien i stället i ganska många år. Och där hörde jag de sydindiska språken tamil och kannada omkring mig, och så engelska, förstås. Men i familjen och på internatskolan var det svenska som gällde. Svenska är mitt hjärtas språk, det jag kan bäst och kan uttrycka mig allra bäst på.

Uttrycket "hjärtats språk" mötte jag som ung kristen förkunnare och pastor. Uttrycket används bl.a. av bibelöversättarorganisationen

Wycliffe som arbetar träget för att Bibeln eller viktiga delar av den ska finnas på jordens alla språk. Varje människa bör kunna läsa Guds Ord på "hjärtats språk", hävdar dessa målmedvetna missionärer och missionsledare. Wycliffe räknade för en del år sen med mellan 5000 och 6000 språk i världen. Jag såg nyligen på internet att 3600 språk är mycket små med kanske bara några tusen eller rentav några hundra som har det som modersmål. Dessa 3600 språk skulle enligt uppgift uppgå tillsammans till bara 0,2% av världens befolkning. Och inom hundra år kan hälften av alla världens språk vara utdöda! De största språken i världen är mandarin (kinesiska) med 940 miljoner som har det som modersmål, sen spanska (468 miljoner), engelska (328 milj ) + 350 miljoner som har det som andraspråk, hindi (310 milj), arabiska (295 milj). På 6-10 plats ligger portugisiska, bengali, ryska, japanska, punjabi. Svenska är på 96:e plats med 8,6 miljoner som har det som modersmål. Och i Sverige håller arabiska på att gå om finskan som det näst största språket. På bussen eller pendeltåget hör jag ofta människor prata arabiska eller somaliska högt och ogenerat med varann precis som jag och min familj talade svenska i Indien när jag var barn. Vi tyckte vi kunde säga vad som helst högt, för det var ju ingen som förstod vårt udda språk.- För all del hör jag också på bussen folk på svenska prata i telefon högt och tydligt och länge om mycket personliga saker. Det tycker jag inte är särskilt trevligt. Även om de inte tycks skämmas det minsta kunde de kanske tänka på omgivningens trivsel och ha det där samtalet lite mer enskilt.

Men i Sverige talar vi svenska. Många av våra invandrade medborgare eller asylsökande är beundransvärda i sin vilja och förmåga att lära sig svenska och tala det. All heder åt dem! Däremot har jag lite svårt att acceptera att en del som har bott här i tiotals år inte alls verkar försöka tala svenska. Om man bor i ett land permanent måste man väl vilja lära sig och försöka tala på det landets språk?

Sen har vi ju det där med sång och musik. Jag förstår och pratar engelska rätt så bra och läser gärna engelskspråkiga författare på deras eget språk engelska. Däremot förstår jag inte varför sångare och musikskapare som har svenska som "hjärtats språk" huvudsakligen använder engelska för sina egna sånger. Som väl är finns det flera av våra mest begåvade och originella låtskrivare och sångare som använder svenskan. Det är ju mest naturliga och det vi kan bäst.

Efter massor av år med täta resor i min pastorstjänst till de ryskspråkiga delarna av världen där jag har brottats med att tala om viktiga saker och sjunga på ett språk där jag saknar de finaste nyanserna är det obeskrivligt skönt att som pensionär nästan bara tala och sjunga på svenska, det språk jag verkligen kan. Större delen av året producerar jag ett entimmas närradioprogram varje vecka där jag pratar och spelar musik och sånger, och där oftast ingen av tiotalet sånger i programmet är på annat än svenska. Det är ju ändå så att i Sverige har 8 miljoner människor svenskan som hjärtats språk. Då vill jag att sångerna i mitt radioprogram nästan uteslutande ska vara på svenska. Och alla sångerna jag själv skrivit är på svenska från början. Till och med de som jag själv har översatt till engelska låter mycket bättre på svenska, tycker jag själv, det är ju mitt hjärtas språk.

En del svenskar som talar offentligt - till exempel predikar i kyrkan - slänger in engelska ord i stället för svenska nu och då. I flera fall är jag övertygad om att ganska många av åhörarna inte förstår de engelska orden. Många av våra invandrade lyssnare har ju inte med sig engelskan från sina hemländer. De satsar på svenskan först och främst och det borde de premieras för och inte "knäppas på näsan" för. Vissa talare verka nästan påskina att de engelska orden ligger närmare till hands än de svenska. Det påminner mig om sångaren för många år sen som hade varit på turné i USA i några veckor och vid hemkomsten till Sverige talade svenska med amerikansk brytning.

Någon av våra politiker lär ha sagt: "Varför ska vi använda utländska ord när det finns en adekvat inhemsk vokabulär?"
För min egen del (fast jag kan flera svåra ord) säger jag mycket hellre svåra saker på ett enkelt sätt än enkla saker på ett svårt sätt.

Var rädd om hjärtats språk!

# Din unika röst

Om man hör orden "en unik röst" tänker man genast på någon eller några personer som har fängslat med sin speciella röst. Jag tänker till exempel direkt på Arne Thorén (1927-2003), utrikesreportern i radio och TV med sina reportage från olika håll i världen, eller jazzmusikern Louis Armstrong (1901-71) som var trumpetare men också särpräglad sångare med hes, sprucken röst och osviklig musikalisk känsla och timing. Andra röster från mina sammanhang i frikyrkan och pingströrelsen är barytonsångaren Einar Ekberg (1905-61) som jag aldrig hörde i levande livet men desto mer på skiva samt den originelle pingstpastorn Georg Gustafsson (1899-1983) från Värnamotrakten som i ungdomen var kommunistisk agitator och efter omvändelsen till Kristus blev en brinnande väckelseförkunnare.

Men egentligen har alla människor sin unika röst även om de inte är berömdheter som Edith Piaf (1915-63), Martin Luther King (1929-68) eller Mahalia Jackson (1911-72). För någon vecka sen ringde jag en pastor i Ångermanland för att boka in en gudstjänst om det skulle passa. Vi hade bara träffats en eller ett par gånger, så när jag presenterade mig i telefonen och frågade om han kom ihåg mig, blev jag överraskad när han sa: "Ja visst, om inte annat så känner jag igen din röst!" Och efter bara ett par minuters samtal förklarade han att jag var så välkommen att predika och sjunga i gudstjänsten det datum jag hade föreslagit. Jag kom mig inte för att be om någon förklaring på hans ord om att han kände igen rösten. Ibland har jag varit med om något liknande, när jag har träffat människor som har sagt: "Vi har inte träffats, men jag känner så väl igen rösten." Det har visat sig att de för massor av år sen hört mig berätta på LP-skiva och kassett i kristna barnmusikaler på 1970- och 1980-talet. Antingen de själva eller deras barn hade lyssnat gång på gång, och så hade rösten präntats in i minnet så de direkt kände igen den 20-30 år senare.

När vi talar om rösten talar vi samtidigt om vad rösten står för och förmedlar. Martin Luther Kings röst står för den orädda kampen för de svartas rättigheter, "drömmen han hade" som han fick ge sitt liv för. Einar Ekbergs praktfulla röst går inte att skilja från de odödliga sångerna han sjöng om Guds storhet och trofasthet och om Jesus som Frälsaren. För han sa ju nej till de världsliga estraderna där han förutspåddes en lysande karriär. I stället valde han den enkla och då ofta föraktade frikyrklighetens estrader, även om också det förde honom till sällan skådad framgång och stora åhörarskaror. Han gav inte sin röst till tvetydiga eller ekivoka sånger för att underhålla. För honom var rösten till för att hylla och tjäna den store Herden som hade sagt "Mina får lyssnar till min röst, och jag känner dem, och de följer mig." (Johannes evangelium 10:27). Kanske Einar Ekberg också ibland tänkte på orden i Höga Visan där brudgummen (förebilden till Jesus) säger till sin älskade (den kristna människan): "Låt mig se ditt ansikte, låt mig höra din röst, för din röst är ljuv och ditt ansikte skönt." (kapitel 2, vers 14).

Din röst är unik. Vem ger du den till och vad ger du den till? Jag skulle vara så tacksam och lycklig om min röst för alla som hör den i första hand förknippades med den stora Berättelsen om Guds kärlek och Frälsaren Jesus Kristus. Vart fjärde år är det valår i Sverige. Samtliga politiska partier och deras företrädare vill ha din röst i det sammanhanget och talar om hur viktig just din röst är. Jag röstar alltid i det valet och försöker då ge min röst till dem som står för de värderingar och det program som motsvarar mina egna övertygelser. Så tycker jag alla röstberättigade ska göra – efter sina värderingar och sin övertygelse. Men vår unika röst i livet, då? Vad ska den förknippas med? Må vi välja att använda den varje dag – och i det godas tjänst, i Guds tjänst!

# Gästvänlighet

"Gästvänlighet" och "gästvänlig" är ord som har en varm klang för de flesta människor. I alla kulturer är nog gästfrihet en självklarhet och nästan en helig plikt. Men ordet "gästfri" på svenska låter ju inte helt entydigt. Är det kanske att man slipper gäster? Nej, naturligvis att man är fri och generös i att ta emot gäster. Ett annat, lite märkligare uttryck för "gäster"vi har på svenska är "främmande". Många gånger har jag hört t.ex. "Vi får främmande i morgon" eller "Nämen, får vi främmande?" Författaren Zacharias Topelius citerar ett talesätt i en bok 1856: "Katten tvättar sig. Nu får vi främmande". Detta ord "främmande" betyder alltså helt enkelt "gäst" men har också betydelserna "besökande, bekant eller främling".

Lite om gästvänlighet i olika kulturer:
Själv växte jag upp i södra Indien och har också bott där som vuxen under ett par år. Där fick vi som gäster äta ensamma medan värdparet bara passade upp och trugade oss att äta mer. Bara med yttersta svårighet kunde vi få eventuellt mannen i huset att delta vid bordet eller på golvet där man ofta satt.
I ryska eller ukrainska familjer möter man ett överdåd av generositet och gästvänlighet, vare sig gästen är från grannkvarteret, grannstaden eller från utlandet. Alla äter och njuter obekymrat, även om värdfamiljen nog ofta får leva knapert ett tag efteråt. Om jag under 1980- och 1990-talen hade med mig en god svensk

ost och en osthyvel som gåva till en familj med tanken att de skulle njuta av den själva efterhand, så fann jag ofta efter en halvtimme hela osten uppskuren på bordet i centimetertjocka skivor. Osthyveln sparades förmodligen oanvänd i någon låda som en exotisk souvenir. Under ett USA-besök i Florida en gång i en kyrka bjöds vi av ett lite äldre par att bli gäster hos dem en dag. Vi såg fram emot att få se hur de hade det hemma och tackade med glädje ja. Men de bjöd oss på restaurang på jättegod mat. Så gör man nog ofta i USA. Men den här gången fick vi faktiskt se deras hem också, eftersom vi åkte hem till dem efteråt och drack kaffe.

Som förkunnare och pastor i alla möjliga delar av Sverige har jag naturligtvis mest av allt mött massor av gästvänlighet här i vårt eget land. Och i pingströrelsen och dess verksamhet under många årtionden på 1900-talet var gästvänligheten hos alla medlemmar och familjer självklar och nästan obligatorisk. När gästande sånggrupper eller blåsorkestrar kom på besök en helg var det självklart att man tog emot ett par nattgäster och matgäster. När en gästande pastor kom på fem dagars eller två veckors möteskampanj eller bibelstudieserie bodde han (och eventuellt medföljande hustru) de dagarna hos någon i församlingen, och då ingick mathållningen som värdfamiljens ansvar. I Örnsköldsviks Pingstkyrka hade man under början av 1970-talet cirka 100 elever från hela landet på den månadslånga bibelskolan. Alla dessa elever övernattade hela denna period hos någon av församlingens medlemmar. Och när jag talade med en äldre pastor i Vetlandatrakten, berättade han från sin ungdomstid då han var lärling och ny medarbetare i någon församling i Småland följande: Han tjänstgjorde under något eller ett par år som medarbetare men hade ingen egen bostad under den tiden utan bodde inneboende en månad i taget hos olika familjer i församlingen. Detta var tydligen praxis på många håll och antagligen inte helt enkelt för den unge förkunnaren. Men vilket översvallande exempel på gästvänlighet! Gästrum och bäddsoffor och extrasängar har varit en självklarhet i våra svenska hem. Och den bäddbara och förmodligen obekväma kökssoffan är väl närmast legendarisk. Förresten, när vår familj på sju personer kom hem från Indien till Sverige och Norrköping alldeles i början av 1960-talet, bodde vi i tre rum och kök på Knäppingsborgsgatan nära Östra Promenaden. Vi fem barn i åldrarna 15 – 3 år bodde i två av rummen, och pappa och mamma låg i vardagsrummet i bäddsoffan med utdragssäng. Jag tror, dessutom, att många familjer var mer trångbodda än vi.

Hur är det i moderna svenska hem och moderna pingstvänshem? Är det lika självklart med bäddsoffor och gästsängar? Gästvänlighet handlar nog mer om välkomnande attityd och värme än om perfekt städning och överdådigt bjudande. Den som blir bjuden är antagligen för lycklig upptagen med gemenskapen och det som bjuds för att titta efter dammtussar i hörnen eller på saker som inte är tillräckligt prydligt undanstädade. Gemenskapen är ju det viktigaste.

Härom sommaren hade jag ett ryck av medmänsklighet och engagerade mig för en av de bulgariska romerna som tiggde i Vilbergens Centrum. Vi kan kalla honom för Nikolai. Många bulgarer kan ryska skapligt, så jag kunde prata med honom. Efter vad jag förstod hade han hamnat i en beroendefälla hos den som hade "hjälpt" honom till Sverige. Han ville hem till Bulgarien men hade inga egna möjligheter, där han bodde i primitivt tält i Reimyreskogarna och var påpassad och utnyttjad av sin "välgörare". Jag kontaktade några vänner i Pingstkyrkan, och vi skramlade ihop till en flygbiljett som jag köpte och gav honom i handen när jag kört honom till Arlanda. Det kostade mig ingen förmögenhet, och vi som hjälptes åt gjorde det med glädje. "Aktionen" började med att jag tog hem honom från hans "arbetsplats" på Vilbergens centrum. Han fick väl lite mat hos mig och min fru och bodde i vår bäddsoffa på natten, innan jag körde upp honom till flygfältet, men de detaljerna minns jag inte så noga. Vad jag minns är att vi på eftermiddagen packade badkläder och en ryggsäck med kaffe och smörgåsar och åkte ut till badplatsen i Lindö denna soliga julidag. Han lånade ett par badbyxor av mig, och så badade vi bland alla andra. Å, vad han njöt! Efter badet såg jag honom stå en lång stund på cementbryggan och bara titta ut över vattnet och på den blå himlen och ut över Kolmårdsskogarna på andra sidan Bråviken. Det fanns ett sånt uttryck i hela hans ansikte och hållning av befrielse, avkoppling och oförställd, enkel njutning. Vilken glädje jag upplevde av att ge honom den enkla gästvänligheten!

Att ta emot och ge gästvänlighet i samspel med vänner och bekanta är en viktig del av lyckan i livet. Att oväntat möta en främling eller obekant och ta emot eller ge gästvänlighet kan bli en upplevelse för livet.

"När Guds barn behöver något så ska ni hjälpa dem. Och gör det till en vana att bjuda hem gäster på mat, och ge dem också logi för natten, om de behöver det." (Ur aposteln Paulus brevhälsning till de kristna i världsstaden Rom omkring år 57 e Kr– Levande Bibelns översättning)

# Att få och ge kärlek

Alla söker kärlek. Kärlek är det viktigaste i tillvaron. Ovanstående påståenden är förmodligen sanna för de flesta människor och kanske allra mest för de unga. En stor anledning till att mina tankar, då jag skrev detta, rörde sig extra mycket om temat kärlek är att jag och min fru Birgitta (oftast kallad Gittan) den 23 mars 2018 hade 50-årig bröllopsdag. Och kärleken till varann fann vi ytterligare två och ett halvt år tidigare, och då var jag nitton år gammal. Ibland säger man skämtsamt att såna par borde stoppas upp på museum – med anspelning på att det numera inte är så vanligt med så långvariga äktenskap. Men nyligen läste jag en notis i en tidning om de orter i Sverige som enligt statistiken leder i långvariga äktenskap. När jag nu sökte som hastigast på internet fann jag siffror från 2016 i en artikel i Allers: "Om du bor i Överkalix kommun i Norrbotten är det stor chans att ditt äktenskap håller länge. Par som bor här är i snitt gifta i 50 år, rekordet i Sverige! De kortaste äktenskapen däremot hittar man strax utanför Stockholm, i Botkyrka. Där varar kärleken bara i cirka 15 år." I samma artikel fanns "tio i topp" på orter med långlivade äktenskap, och där var det först tre orter högt uppe i Norrland – Överkalix, Vindeln och Bjurholm - och sen Ydre i Östergötland på fjärde plats. Det gladde en östgöte!

Själv känner jag mer ödmjuk tacksamhet än

stolthet över att själv få leva i ett äktenskap som har hållit i 50 år. Det är säkert mer min hustrus förtjänst än min. Jag skulle också säga att det mest är tur, om jag inte var övertygad om att tur är en för enkel och billig förklaring – det är en gåva från Gud, det som med Bibelns språkbruk kallas för "nåd". Många betydligt bättre och andligare människor än jag har fått gå igenom den smärtsamma erfarenheten av en sprucken relation och skilsmässa.
Hur kan relationen hålla och bli långvarig och till och med livet ut? Eftersom jag ännu inte har upplevt "livet ut" kan jag inte och vill heller inte ge några råd till andra. Däremot kan jag ha några funderingar om några saker som kanske kan bidra till hållbar kärlek:
Att ha mer gemensamt än den fysiska attraktionen och kärleken men samtidigt bevara och vara rädda om den fysiska ömheten och kärleken under livets gång.
Att ha roligt tillsammans och göra saker tillsammans men samtidigt ge frihet åt varann att odla egna intressen och vänskapsband.
Att lika mycket vilja ge kärlek som att få kärlek. Jfr apostelns Paulus ord i Apostlagärningarna 24, vers 35 "I allt har jag visat er att man så ska arbeta och ta hand om de svaga och komma ihåg de ord som Herren Jesus själv har sagt: Det är saligare att ge än att ta."

När jag tänker på mitt eget äktenskap och min goda lycka vill jag passa på att skriva och säga: "Tack, min kära Gittan, för alla de här åren och din trofasta kärlek och vänskap!"

Det är så att jag ganska väl vet om att jag är en högljudd och dominant person som tar mycket plats på olika sätt. Därför kan jag kanske vara trevlig att träffa och umgås med i små doser, men det är ingen avundsvärd lott att vara livskamrat åt en sån person. Så jag vet att jag är lyckligt lottad vad gäller kärleken och äktenskapet!

Många får leva utan kärlek och "tvåsamhet" stora delar av livet. Det finns mycket annan gemenskap och samhörighet också, naturligtvis. Jag önskar dig, min läsare, mycket gott på det sättet!

# Lång fredag blir god fredag

Fredagen i påskveckan kallas Långfredagen. När jag var ung på 1950- och 1960-talet var det verkligen så i Sverige och i många länder där kristendom var den största religionen. Den här dagen var en oändligt lång och kanske tråkig dag. Man fick inte spela fotboll eller syssla med andra sporter. Ingen arbetade och alla affärer var stängda, likaså biografer och andra nöjes- eller kulturevenemang.

I många familjer skulle man inte äta kött eller annan god mat – kanske blev det fisk, vilket förmodligen barnen i familjen inte uppskattade särskilt mycket.

På Långfredagen handlade bibeltexter och sånger om Jesus på korset och hans lidande och död för mänskligheten. Många icke-religiösa gnisslade säkert tänder över att detta som de inte trodde på eller levde efter skulle påverka hela tillvaron så mycket.

Själv växte jag ju upp i en varmt troende kristen familj och hade väl inte särskilt svårt att acceptera Långfredagens förbud och tabun, som det väl var.

Så valde jag i tonåren mer aktivt att själv vara en personlig kristen, och så småningom blev ju den kristna kyrkan min egen arbetsmiljö och Bibeln ett av mina viktigaste arbetsredskap.

Men redan som ung lärde jag mig att Långfredag på engelska heter Good Friday, dvs den goda fredagen, och allt eftersom blev detta min egen verklighet och världsbild.

Långfredagen är i sanning den "goda fredagen",

då Jesus med sin korsdöd gav alla människor möjlighet till syndernas förlåtelse, gemenskap med Gud och evigt liv. Och under årtiondenas gång har också pingströrelsen och de andra samfunden i viss mån påverkats av samhällets förändrade syn på påsk och jul och pingst med mer betoning på mat och dryck och fest än på den kristna innebörden i de stora högtiderna. Numera är ju alla dagar mer eller mindre lika, och det mesta är öppet jämt. En och annan hamburgerrestaurang eller servicebutik eller bensinmack med butik har skylt med "Alltid öppet". Jag kan egentligen inte protestera, eftersom vi lever i ett sekulärt samhälle. Dessutom handlar jag numera mat och annat på söndagen ibland, fast jag väl mycket väl skulle kunna organisera mitt liv så att jag inte behövde det. Men jag besöker visserligen också gudstjänst och kyrka på söndagarna och andra dagar i veckan också. Och så är ju gemenskapen med den treenige Guden och med bibelläsning och sång och bön något som mer eller mindre pågår hela tiden för mig. Det är som att andas, det behöver jag inte komma ihåg att göra hela tiden. Det fungerar ändå.

Jag äter, förresten, gärna god mat på Långfredagen. För många år sen, bjöd vi hem församlingens ogifta, kvinnliga barnpastor på middag efter gudstjänsten på Långfredagen. Då gjorde hon stora ögon när vi bjöd på ris och curry. "Får man äta så god mat?" sa hon. "I mitt föräldrahem i Falköping åt vi kokt gädda på Långfredagen." Hon åt sen med god aptit liksom vi andra. Tidigt i kväll på Skärtorsdagen kom min och fru och jag tillbaka till Norrköping med buss från Arlanda och Stockholm efter en vecka på Gran Canaria och firandet av vår femtionde bröllopsdag. Vi tog taxi hem och pratade lite med vår trevlige chaufför som visade sig vara varmt kristen syrier. Han talade sig varm om påsken och dess innebörd och om vikten av att inte skämmas för Jesu namn. Det blev en härlig påminnelse om det fantastiska med påskens budskap som alla kyrkor förkunnar var och en på sitt sätt. Långfredagen är i sanning en god fredag! Det är väl bra att kristen tro inte behöver visa sig i förbud eller tråkiga miner! Vi tror på en Uppstånden Frälsare som har förvandlat livet för alla som tar emot. Vi är fria människor – men inte fria i första hand till att ta fritt från gudstjänst och kyrka utan fria att sjunga och bedja till och hylla den underbare Frälsaren. Vi vill fira påsk tillsammans med familj och vänner, givetvis, men också med Gud och våra trossyskon. Kristus är Uppstånden! Glad Påsk! På resan hem blev jag påmind om några rader jag skrev en gång. Jag ger dem vidare:

## Hur var det under påsken?
Hur var det under påsken?
Var det massor med ägg, godis,
små ansiktsmålade påskkäringar,
släktkalas, mat och TV?
Jaså, var det en sån där fattigpåsk?
En handfull billiga bijouterier?

Visst hade jag det så där också –
men jag mötte också Getsemane
och Golgata kors och den tomma graven.
Frälsaren och Kyrkan var tråden och spännet
på påskens pärlhalsband.
En rik påsk.

# Livsdrömmen blir verklighet

I går kväll såg jag på Netflix filmen Billy Elliott (inspelad år 2000) om kolgruvestaden i England och 11-åringen Billy (suveränt spelad av Jamie Bell), som börjar dansa balett i en kultur där grabbar ska boxas och inte dansa på tå. Jag har sett den ett par gånger förut, men nu blev det en ännu större upplevelse. Jag blev verkligen berörd.
Att ha en stor livsdröm och så småningom få se den förverkligad, om än genom svårigheter, det är verkligen lycka.
Är jag inte oerhört privilegierad som har fått se flera livsdrömmar bli verklighet?
Det jag ville som ung har slagit in på så många sätt:
Musiken, eller rättare sagt, sången har funnits som min följeslagare ända från barndomen. Jag skriver "sången", för det står alltmer klart för mig att det är texten och musiken i förening som fascinerar mig. Musiken som slingrar sig genom orden och orden som ger substans till musiken och förstärks av den, det är min "melodi". Och att sjunga och spela själv eller med andra har fått extra mening och djup genom alla mina egna sånger där orden och melodin är skrivna av mig eller kanske genom mig. Jag tror på inspirationen, att vara inandad och ingiven av något högre, i vissa fall av Gud själv. Att formulera texter som är bitar, fragment och tolkningar av evangeliet, Guds eget Ord, vilken lycka! Och att många år senare,

ja, över 40 år senare, vara med om att sånger och musikaler som jag skrivit lever kvar i människors sinne och uppförs av andra och betyder något än en gång och gång på gång, det är en förmån. Det behöver ju inte vara tiotusentals eller hundratusentals sålda plattor eller spelningar på YouTube som är enda måttstocken. Det kan också vara den nu drygt medelålders kvinnan som jag pratade med i telefonen nyligen. Hon frågade efter en musikal som jag hade övat in med ungdomarna i hennes hemstad i Mälardalen för 45 år sen. Hon hade nämligen en tanke om att kanske göra den musikalen med en grupp i den församling, där hon och hennes man nu är verksamma. Nu kunde jag med lätthet skicka henne noter och text med epost och också en länk till en ljudfil på nätet för att hon skulle kunna höra den från en konsert i S:t Johannes kyrka i Norrköping för tre år sen. Vilken glädje för mig!

Mitt oväntade yrke som predikant och förkunnare och pastor hade inte varit någon ungdomsdröm för mig, men det var, natur-ligtvis, det som var meningen från början, fast jag inte själv såg det. Jag hade för mig själv formulerat yrkesdrömmarna som språkman, kanske tolk eller musiklärare eller diplomat för att se olika och främmande länder. Alltihop smälte ju sen samman i förkunnartjänsten – sången och musiken, utlandstjänsten i Indien och de ryskspråkiga länderna och tolkning av många av de mest intressanta förkunnare och talare man kan tänka sig. Och att få betalt för att umgås med Gud och Hans Ord och förmedla Hans Ord och tröst och ibland hjälp till människor, är inte det en önskedröm, så säg?

Att finna kärleken i unga år och få familj och barn och ett gemensamt hem och en stabil relation som nu har bestått i över femtio år, det har också gått i uppfyllelse. Det är sant att fnurrorna på tråden och påfrestningarna och kriserna har funnits där under denna långa tid, och kanske det värsta av allt, smärtan att förlora en 42-årig son vars hjärta slutade slå utan förvarning. Men sorg och förlust och saknad är också en del av livet och helheten. Värdet av det man hade är inte mindre för att man har mist det.

Naturen, Guds underbara skapelse och värld och att i den röra på sig och kunna motionera och vara utomhus är för många något man bara kan drömma om. För mig finns detta kvar, fast jag inte kan springa och hoppa som i unga år. Promenader och golf och plockning av bär och svamp och bad i sjöar och hav, det finns fortfarande kvar för mig att njuta av.

Och detta som pågår just nu – att jag sitter och skriver ner mina tankar och har kanaler för att få ut dem till andra människor via epost, samtal med andra, genom att lägga ut dem på internet som ett blogginlägg eller trycka dem i böcker, det är också fantastiskt. Att upplagan på en bok med dikter eller prosa är några hundra i stället för några miljoner spelar inte någon avgörande roll (utom kanske för bankkontot). Det går att sprida sina tankar förhållandevis enkelt och billigt. Min föregångare Paulus skrev sina odödliga och fantastiska tankar på papyrus eller kanske pergament i ett enda exemplar. Sen har hans skrifter skrivits av och numera tryckts på massor av språk och finns över hela världen. Men åtminstone ett av hans brev till de kristna i Korint i det första århundradet är förlorat helt och hållet. Han nämner någon detalj från det i ett annat brev, men själva brevet finns inte kvar.

Just nu är det möjligt för mig att fortsätta att leva i livsdrömmen – att sjunga mina sånger på stan till ukulele eller kanske dragspel, att tala och sjunga och berätta om Gud och det kristna livet i kafémöten och gudstjänster, att skriva epost och blogginlägg och en och annan dikt, att umgås med dem jag älskar och tycker om, att vara ute i Guds underbara värld och natur, att gå mina lyckade och misslyckade golfrundor. Och sist men inte minst, just nu kan jag leva med min Gud och Frälsare i tacksamhet, bön och gemenskap och tjänst bland människor.

Hur blev det med din livsdröm? Gick den i uppfyllelse? Om inte, så kanske det inte är försent än. Något går kanske att göra nu. Drömmen lever! Leve drömmen!

# Om nätverk och familj

Den här veckan har jag deltagit två dagar i ett par nätverk för pastorer i Pingströrelsen – en heldag med "Pingstpastor Senior" i Värnamos stora Pingstkyrka och konferenscenter Arken och en halvdag med det lokala pingstpastorsnätverket för Östergötland och bekvämt nog denna gång i Norrköping. Just den här gången blev det ganska olika innehåll i de två olika samlingarna. Här i "Östgötagrenen" var det terminsavslutning med bufféfrukost på restaurang, lek och spel på en sportanläggning och hamburgerlunch. Och jag och ytterligare en pensionär umgicks glatt med majoriteten av unga män och kvinnor som är mitt i livet med att hålla många bollar i luften – arbete, familj, egna och barnens aktiviteter, stress och fritid etc.

Dagen innan i Värnamo var det en hel dag tillsammans med huvudsakligen jämnåriga, pensionerade pastorskollegor med respektive, även om 92-årige, pigge Bernt får sägas vara betydligt äldre än flertalet. Också här var det glam och glatt prat vid två fikastunder och en lunchmåltid, men detta var ramen omkring två rejäla samlingar med sång, bön, bibelförkunnelse, samtal och delgivning. Både dagarna var givande och uppiggande och på sitt sätt andligt stärkande, även om heldagen med mina jämnåriga gav mer av substans, naturligt nog. Men det som gjorde sånt intryck på mig bägge dagarna var de starka band och den omedelbara förståelse som fanns mellan oss sinsemellan så olika personer och i olika åldrar. Vid den långa och stora och innehållsrika frukostsittningen satt jag mittemot en 29-årig ungdomspastor som just går in i ny tjänst och flyttar till ny plats. Vi berättade lite för varann om bakgrund och erfarenheter och fann att båda var missionärsbarn om än från olika länder och kontinenter. Jag såg en hel del av mig själv i denne så mycket yngre man. Vilken rikedom att vara en del av ett nätverk, i synnerhet ett nätverk som bygger på mer än gemensamt eller likartat yrke och arbetssituation! I trådarna som knyter oss samman finns också en gemensam känsla och övertygelse att vara kallad till ett uppdrag, till att tjäna Gud och våra medmänniskor.

Och båda dagarna tänkte jag flera gånger: Det här är min familj! Det är mina systrar och bröder. Vi tänker olika i många frågor och har olika personligheter – utåtriktade och lite framfusiga eller närmast blyga och tillbakadragna – men vi är alla förenade av att vara av samma familj. Vi kristna sa oftare förr "broder" och "syster" till varandra men vi säger det än i dag ibland och känner det ofta, ofta. Man väljer sina vänner men inte sin familj. Man kan reta sig på medlemmar i sin familj men man är ändå förbunden med dem. De är vårt nätverk på ett nästan outplånligt sätt.

I de flesta länder och kulturer är man än i dag mer intimt förbunden med och beroende av sin familj. Vi i det moderna Sverige löper mera en risk att försumma eller glömma familjens nätverk. Vi har ibland en känsla och tro att vi klarar oss ändå och hellre vill välja vårt eget nätverk. Nätverk och familj behöver vi alla. Och det behövs något mer nära än "följare" och "vänner på Facebook", även om dessa naturligtvis kan vara nära familj och verkliga vänner.

Mina fyra syskon och jag säger oftare och oftare till varann att våra band med varann och med varandras familjer blir allt viktigare för varje år som går.

Hoppas du har ett nätverk, en familj! Hoppas du vårdar dessa nätverk! Kanske det går att reparera och förstärka band som har varit sönder eller svaga. Kanske går det att knyta nya band.
"No man is an island" – "Ingen människa är en ö".

# Fånga dagen
## – med dragspelsmusik och samtal med blommande hägg.

Just nu i försommartid blir vi verkligen påminda om att leva i nuet, att fånga dagen eller njuta av dagen vilket man ofta har uttryckt med de latinska orden "Carpe diem".
Dag för dag upptäcker jag hur nya blommor har kommit fram bara under mina egna turer genom stan på cykel eller på vandring genom stan eller på golfbanan eller från bilen.
I förrgår var det häggen som plötsligt blommade för fullt. I dag var det under golfrundan mandelblom bland styvmorsviolerna och tusensköna i vackra stånd i gräset. På vägen hem såg jag att rapsen började lysa gult i topparna.
I går skrev jag en "diktbagatell" om ett samtal med häggen. Den kommer här:

### Häggens svar
Hur kan tiotusen blommor
på ett träd
slå ut och börja dofta
samma dag?
Och hur kan tusen andra träd
göra det samtidigt?

Så fort vi kan och vågar
och när solen lyser
och när vinden är varm.
Ingen onödig väntan!

Och när när brukar det bli?
Vi måste hinna före
syrenerna –
någon vecka eller dag
eller några timmar
i alla fall.
Och när var det i år, då?
I år var det igår.
Det måste först bli vår.
Så är det varje år.

"Fånga dagen" leder mig till tankarna om att
göra något positivt av nuet, att inte leva i det
förflutna bara eller ångra missade chanser och
vara missnöjd med livet.
Jag är 71 år gammal och alltså i den gyllne eller
inte så gyllne situationen att lätt kunna bli en av
"de griniga, gamla gubbarna". Det är lätt att
vara missnöjd med allt och alla, att tycka att
man inte har fått tillräckligt med chanser i livet
och så vidare och så vidare.
Som väl är balanseras såna tendenser hos mig
upp av glädje över livets möjligheter och en viss
nyfikenhet att pröva på nya saker.
Just den här veckan har jag förverkligat en dröm
vid sidan av att se och dokumentera de
fantastiska förändringarna i naturen.
Häromdagen tog jag för första gången med mig
mitt i vintras inköpta begagnade dragspel och
gick ner till köpcentret nära min bostad och
ställde mig och sjöng "Jesussånger" i en
halvtimme. Att stå och sjunga så under

113

sommarmånaderna har jag gjort i flera år men med ukulele som instrument. Den här vintern fattade jag ett beslut att här och nu försöka göra något nytt, lära mig något nytt – att spela dragspel och på så sätt göra mina sång- och musikstunder på stan lite mindre primitiva och begränsade än när jag kompar mig själv på ukulele.

Jag hittade ett billigt dragspel på nätet och köpte det och började lära mig själv att spela. Högerhanden med pianotangenter var inte så svårt men att hitta bland basknapparna och lära sig hantera bälgen och luftförsörjningen har varit svårare.

Villigt erkänner jag att det inte häromdan var stor musik eller helt utan fel och till och med ett avbrott under någon minut medan vänsterhanden febrilt sökte hitta rätt bland bastonerna. Men både under sången, när ett par åhörare sjöng med i stroferna, och när jag sen krängde på mig dragspelsfodralet med ryggsäcksremmar och gick hem igen, så kände jag en sån djup tillfredsställelse. Jag hade fångat dagen, jag hade förverkligat drömmen och det lilla projektet.

Det är så här jag vill leva. Mycket skulle kunna vara annorlunda, men livet är som det är här och nu. Jag vill göra något av det. Jag vill fascineras om och om igen av vårens och sommarens återkomst. Och jag vill se det som är omkring mig, uppleva det som är nu – och göra ett och annat jag inte gjort förut, fast jag är 71.

Carpe diem! Fånga dagen!

# Pingst – hänryckningens tid

I slutet av denna vecka infaller Pingsthelgen. Denna helg kallas också ibland för "hänryckningens tid". Detta uttryck kommer ursprungligen från Pingstens kristna innehåll men finns väl kvar mest i en mer sekulariserad betydelse. Jag citerar några rader från Expressens bilaga Leva och Bo om "11 fakta om Pingsten":

"5 Hänryckningens tid
Pingsten kallas ofta hänryckningens tid. Detta på grund av inledningsorden "Pingst, hänryckningens dag var inne" ur dikten "Nattvardsbarnen" från 1820 av den svenska skalden Esaias Tegnér.

6 Många bröllop
Pingsten är den traditionella bröllopshelgen i Sverige. Naturen är nyvaknad och vädret oftast fint. Det är romantik i luften. Dessutom är det enkelt att pryda kyrkan och festsalen med fräscha, nyplockade gröna löv och blommor. Eller kanske framförallt späda björkar. Vinden som björkarna vajar i ses ofta som en symbol för Anden – Guds andedräkt."

Den sista meningen i stycket knyter an till det jag tror "hänryckningens tid" syftar på, nämligen andehänryckningen på Pingstdagen efter Jesu korsdöd, uppståndelse och himmelsfärd. Apostlagärningarnas andra kapitel berättar, att då kom ljudet av en stormvind och tungor av eld när de samlade lärjungarna fylldes av den helige Ande och började tala i tungomål och prisa Gud på olika språk och flytta ut "kyrkan" till gatorna utanför och folkskarorna från olika delar av världen. Man kan kalla det församlingens / kyrkans födelsedag och också starten på den kristna världsmissionen. Där började evangeliets och det kristna budskapet spridning med orädd förkunnelse och frimodigt vittnande och helande från sjukdom och befrielse från onda krafter genom den helige Andes gåvor. Själva ordet "pingst" kommer från grekiskan "pentekost" som betyder "den femtionde", alltså den femtionde dagen efter Jesu uppståndelse. Pingsten sammanföll med en stor judisk högtid, då många judar från olika håll i Israel och andra delar av Medelhavsområdet kom till Jerusalem för att fira högtid i templet.

Fram till och med 2004 firades också Annandag Pingst som "röd dag" och helgdag i Sverige. Sedan avskaffades den som röd dag till förmån för nationaldagen 6 juni. I bl.a. Danmark, Tyskland och Frankrike finns dagen kvar som helgdag.

I modern tid återkom pingsten och pingst-rörelsen i den kristna kyrkan på ett mer omfattande sätt år 1906 i Los Angeles, USA och spreds till Norge samma år och Sverige året därpå. 1913 bildades officiellt den första pingstförsamlingen i Sverige, Filadelfia-församlingen i Stockholm med Lewi Pethrus som pastor.

Även om jag är kristen i första hand och känner gemenskap med alla kristna som bekänner Jesus som Guds Son och Herre och som tror på Bibeln som Guds Ord, så är jag också pingstvän och mycket tacksam för att jag kom med i en rörelse som upplever "hänryckningen" i bemärkelsen den helige Andes uppfyllelse och gåvor och tungotal och det övernaturliga, Guds kraft.

Sen 2013 bor jag på nytt i Norrköping och är medlem i pingstförsamlingen där, min ungdoms församling. Min farfar David Holmberg är intimt förknippad med pingströrelsens kommande till Norrköping. Han var skräddare till yrket och personlig kristen och baptist. 1908 hade han mött pingstupplevelsen och andedopet och tungotalet som personlig erfarenhet och brann av iver att berätta detta. Han kände sig ledd av Gud att från Tumba med sin lilla familj flytta till Norrköping. Där blev han medlem i en baptistkyrka och berättade för alla om andedopet och tungotalet. Detta var en het potatis på den tiden, och David blev en kontroversiell person som man försökte tysta. I ganska många år kämpade han för pingst-upplevelsen tillsammans med andra trosfränder, och 1921 bildades pingstförsamlingen i Norrköping med David Holmberg som en av församlingsledarna, "de äldste", och i den tjänsten förblev han till sin död 1967. Hans son (min far Agne) var under hela sitt vuxna liv Norrköpingsförsamlingens missionär i Kina och sen Indien.

Själv mötte jag på ett personligt sätt andedopet och pingsten som 20-åring, på väg in i lärlingsskap som förkunnare och pingstpredikant. Detta har haft den allra största betydelse för mig. Hur skulle jag med bristfällig utbildning och förberedelse annars överhuvudtaget ha kunnat göra en insats för Gud och mina medmänniskor. För mig är inte upplevelsen av Anden att leva i ständig hänryckning och nästan aldrig i regelrätt extas. Det handlar mer om hänförelse, vilja att tjäna, en insikt om ständigt beroende av Gud och en övertygelse att varje uppgift Gud leder mig in i ger Han också kraft att utföra genom den helige Ande. Brusande känslor och hänryckning är nog bra, men ännu viktigare är kanske vad en tidig forskare skrev när han beskrev Pingstväckelsen i boken "Entusiastisk kristendom".
Sån kristendom vill jag utöva till min död.

# Erkänsla - gammalt och viktigt ord

"Erkänsla" med tillhörande adjektivet "erkännsam" är gamla uttryck som talar om något mycket viktigt. Svenska Akademins Ordbok (SAOB) förklarar ordet "erkännsam" med 'som hyser eller ger uttryck åt uppskattning av något; ofta: tacksam'. Och ordet "erkänsla" betyder då 'bevis på uppskattning / tacksamhet'.

Båda orden har förstås samband med ordet "erkänna", och jag har funderat på om det är detta som gör att en del människor har så svårt för att visa och uttrycka <u>tacksamhet</u>, för det är i grunden det erkänsla är och handlar om. Att erkänna saker och ting för ofta tanken till att erkänna ett fel eller ett brott man gjort. Att visa erkänsla pekar ju på att man fått hjälp och stöd i någon form, och det gör att man liksom står i skuld till en person. En del människor har synnerligen svårt för att erkänna fel eller att de skulle vara skyldiga till något. Som bekant kan ju vissa förmögna människor hellre lägga ut en förmögenhet på advokater och rättegångar för att bevisa att de har rätt än bara be om ursäkt eller ersätta en bagatell.

Tacksamhet och erkänsla är i själva verket det enkla "smörjmedel" som får samvaron med andra att inte "gnissla och knarra" på samma sätt som ett par droppar olja får en lägenhetsdörr att öppnas och stängas ljudlöst och smidigt.

Vi människor har så lätt för att se rättigheter i stället för möjligheter. Tyvärr är jag ibland sån, jag också. Här ska du få ett vardagligt exempel: Norrköping är en bra cykelstad med bl.a. en bred cykelbana rakt genom affärskvarteren i centrum. Denna breda cykelbana är dessutom markerad i själva betongen med tydliga cyklar. Detta är ett favoritstråk för två, tre gående i bredd. Jag har ibland "gnisslat" inombords över de levande hindren i väg, en och annan gång ropat "Cykelbana, cykelbana!". Numera säger jag oftast till mig själv: "Inte rättighet – möjlighet!" Jag har ju möjlighet att cykla här. Det finns oftast bra plats att passera. Ibland kan man plinga lite med klockan och samtidigt säga "Ursäkta! Tack!"
Dessutom är bilisterna vid kombinerade övergångsställen oftast väldigt artiga och hänsynsfulla med att släppa fram inte bara fotgängare utan också cyklister. Och vad gäller cyklisterna, är nog inte rättigheten så klart uttalad. Jag brukar vinka glatt och tacka när jag släpps över och tror att det gör bilisterna glada. Denna ögonkontakt och enkla erkänsla / tacksamhet skulle nog fler fotgängare också behöva visa när de går över gatan. Många är så demonstrativt omedvetna om bilen som stannar för dem, att en och annan bilist innerst inne kanske skulle vilja tuta lite eller rusa motorn.

Jag har ganska lätt för att visa erkänsla, och jag anser att det är viktigt och vill gärna bli bättre på detta. Ibland möter jag människor som verkar vara mer eller mindre oförmögna att visa tacksamhet. I allt som är omkring ser man bara felen, inte allt det som fungerar. De skulle också behöva mumla "Inte rättighet – möjlighet!" Som i det mesta här i livet uttrycker Bibeln det här på ett bra sätt: Paulus skriver i 1 Tessalonikerbrevet kapitel 5:16-18 "Var alltid glada, be utan uppehåll och tacka Gud i allt. Detta är Guds vilja med er i Kristus Jesus. " Och i Kolosserbrevet 3:15 "Låt Kristi frid regera i era hjärtan, den frid ni är kallade till .... Och var tacksamma. "

Erkänsla är bra att känna till, roligt att få och viktigt att ge.

# Vad är centrum i livet?

I vår tid och kultur frodas egoismen. Att satsa på sig själv, hitta "egentid" och självförverkligande styr mycket av budskapen vi möter. Samtidigt växer summorna som svenskarna ger till välgörenhet år efter år. Häromdagen hörde jag någon siffra om ett årligt givande som överskred nio miljarder kronor, men just nu kan jag inte verifiera uppgifterna trots lite efterforskande. Det blir ju i genomsnitt en tusenlapp per person och år, och det är ju på ett sätt inte dåligt. Men jag såg också just statistik på att vi år 2016 smällde i oss godis för i genomsnitt 2109 kr per person, och då blir kanske inte givandesiffran lika imponerande. Och om man lägger till 57 liter sockrad läsk per person och år (också statistik från 2016) och de alltför goda chipsen.....

Nåja, det är i alla fall bra att svenskarna ger ganska generöst till hjälpverksamhet och har en förmåga att öppna hjärtat och engagera sig för andra, när det gäller.

Låt oss återvända till mitt tilltänkta ämne – vad är centrum i livet?

I min barndom i Indien på 1950-talet fick jag reda på ett intressant pojkstreck av ett par andra missionärssöner (för en gångs skull var jag inte inblandad). På en 78-varvare, en ganska tjock och tung vinylskiva för grammofon, gjorde pojkarna ett nytt hål, bara lite ifrån hålet i centrum. Sen satte de på skivan, och genast kom brottstycken av toner blandat med skrapande och andra oljud. Det var sannerligen ingen harmonisk musik. Jag har många gånger som vuxen tänkt på det här i överförd bemärkelse. Det som skulle vara harmoni och ljuv musik blev alldeles fel när inte rätt sak var i centrum.

Den kristna etiken som tidigare har präglat all fostran och samvaro i vårt land och vår världsdel har präglats mycket av osjälviskheten som ideal. "Tänk på andra! Avstå från saker och ting till andras fördel! Var inte självisk!" På sätt och vis finns väl de här idealen kvar, men jag tror att de nästan drunknar i alla de andra budskapen: "Skäm bort dig själv! Du är värd det! Tänk på din egen utveckling och frihet! Förverkliga dig själv!"

Vår kultur är i högsta grad egocentrisk, självisk med jaget i centrum, och dessutom hedonistisk, dvs extremt njutningsinriktad. Det som är skönt och bra för mig, det måste ju vara rätt - så uppmuntras vi att tänka.

Och samtidigt kommer den andra följden och slutsatsen: Så fort något otrevligt händer är det de andras fel, och vi blir kränkta och irriterade och anmäler saker och ting till media eller någon annan instans. Vi blir extremt inriktade på våra rättigheter och slutar se livet och varje dag som en rad underbara möjligheter. (Det här skrev jag nyligen om i ett annat prosastycke om

"Erkänsla – ett gammalt och viktigt ord")

Men vi ska inte rusa ut i livet och bara tänka på oss själva! Fortfarande finns det anledning att påminna varann om att "ta det försiktigt!", "tänk dig för!", "ta ansvar för dina handlingar!". Jesus Kristus är fortfarande vårt föredöme och vår oöverträffade lärare i de här viktiga frågorna. Han sa: " Den som vill rädda sitt liv ska mista det, men den som mister sitt liv för min skull ska vinna det. För vad hjälper det en människa om hon vinner hela världen men förlorar sin själ? Eller vad kan en människa ge till lösen för sin själ?" (Matteusevangeliets 16:e kapitel v 25-26).
Paulus skriver i Filipperbrevets andra kapitel v 4-5: "Se inte till ert eget bästa utan också till andras. Var så till sinnes som Kristus Jesus var: "

Det är inte fult eller fel att avstå från något för att andra ska må bra, att i viss mån offra sig för att hjälpa sina barn eller rädda sin familj eller relation.
Under hela mitt liv har jag umgåtts med människor som har haft Jesu anda och kärlek inom sig och som sett på andra människors behov före sina egna. Bland dessa människor har jag också hittat de allra mest levnadsglada och lyckliga och dem som varit mest tillfreds med livet och också med sig själva.

Var finns vårt centrum i vårt liv? Var finns "livets musik"?

# Minnesbilder och minnesluckor

Den här gångna veckan har min fru och jag varit "på Nyhem", det vill säga Pingströrelsens stora sommarkonferens utanför Mullsjö i Västergötland men också nära "Smålands Jerusalem" Jönköping. För över femtio år sen började vi resa dit och lyssna till många kända förkunnare och sångare i jättetältet med flera tusen sittplatser. Och det som betydde praktiskt taget lika mycket var att gå bland tallarna på konferensområdet och prata med vänner och bekanta. Jättetältet har numera blivit en stor, praktisk möteshall och serviceanläggningar, kaféer och toaletter och campingmöjligheter har under åren moderniserats, men mötena med människor består. Det underbara och samtidigt lite skrämmande är att jag fortfarande möter många av dem jag träffade här för 40 eller 50 år sen. Vi känner igen varann även om det ibland tar några ögonblick att i minnet koppla ihop ansiktet och namnet och platsen. Och om det "slirar" ibland är det väl förståeligt. Min fru och jag har varit pastorspar eller missionärspar på sju olika orter och i tio olika församlingar. Dessutom har jag rest runt ensam eller med utländska gäster på massor av platser i olika gudstjänster och andra sammanhang. Det finns alltså oändligt många minnesbilder – och tyvärr också många minnesluckor – av människor och händelser.

Hjärnan är ett märkligt ting, detta jättearkiv där

så mycket finns i "rummen" och "på hyllorna". Ofta är det svårt att få tag i, och sen är det plötsligt bara där. I min ålder kan man lätt få för sig att skriva sina memoarer, sin livshistoria, ibland kortfattat och ibland onödigt detaljerat. En del av dessa författare som också är mina vänner eller bekanta har ett fenomenalt och detaljerat minne och klarar nog av denna uppgift tämligen väl. Själv bestämde jag mig för ganska länge sen att "min väg" är att låta mina sånger och dikter och andra alster vara fragment och "fjärilar" som återger ögonblick, upplevelser och eventuella insikter i mitt liv. Det räcker för mig.

Tillbaka till dagarna den här veckan. Vilken överraskande glädje att möta människor i trettioårsåldern eller tio år äldre som kommer fram och säger: "Hej, min pastor som döpte mig som tonåring!" eller något liknande. Ofta känner jag personerna mycket väl efter att under ganska lång tid ha träffat dem så gott som varje vecka i barnkören eller kyrkans gudstjänster. Man att det var jag som döpte dem eller var med när de gjorde någon särskild och viktig erfarenhet, det kommer jag inte ihåg. Det är en del av deras historia och livsberättelse men har redan slutat finnas i min egen.
Och de förargliga minnesluckorna! När människor kommer fram och hälsar och har varit nästan närmaste grannar med mig på någon plats, och jag praktiskt taget inte har en aning om det, då är det pinsamt. Då talar jag inte om dem som kommer fram och säger:

"Känner du igen mig? Du bodde hos oss en natt för tretti år sen. Vi åt middag tillsammans." Där känner jag mig inte särskilt misslyckad för att jag inte minns. Jag mötte också den sympatiske pensionerade missionären och läraren som hälsade vänligt på mig och sa: "Vi känner väl varandra. Vad är det nu du heter igen?" Och så förnyade vi bekantskapen (lika mycket för mig som för honom) och pratade en stund.

Minnesbilder och minnesluckor – det är en del av livet. Och bitar av mitt liv, som jag har tappat, dem har någon annan kvar som ett gott minne och god erfarenhet. Vilken tröst, när man ibland undrar om det blev något av det man gjorde! Vi har lätt för att döma ut andra och oss själva också, men vi har ju inte alla fakta, inte alltid ens dem vi borde ha i minnet.

Det bästa med "minnenas promenad" bland tallarna på Nyhem, vet du vad det var? Jo, att möta gamla och nya vänner och bekanta och känna värmen och samhörigheten nu. Det är nu vi lever.

## Än hör jag tillräckligt

Den här veckan gick jag igenom en hörselundersökning hos en professionell audionom – en person som arbetar för att på olika sätt hjälpa människor till bättre hörande.
Som väntat visade den tekniska undersökningen genom ett överskådligt diagram på papper att de "vanliga" hörselnedsättningar som ibland finns hos 70-åriga män också hade kommit till mig. Det innebar att hörseln är skaplig för ljud i det lägre registret men är mer nedsatt i det högre.

Och på mindre än en timme var det klart – med allmänt samtal, teknisk undersökning, förklaring av olika hjälpmedel och val av det som förmodligen kommer att passa mig. Nu har jag en ny tid efter semestrarna för att hämta och prova ut och få instruktioner om mina hörapparater. Sen blir det en månads praktisk test innan uppföljningen.
Allt detta bekostas inom Landstingets regelverk som för övrig sjukvård och läkarbesök, så mina moderna och diskreta hörapparater kostar mig som klient bara en bråkdel av den egentliga kostnaden. Vilket fantastiskt land vi lever i – på de flesta sätt!

Vilken gåva det är att kunna höra överhuvudtaget! Olika människor har säkert olika måttstock och krav vad gäller att uppleva ljud. En del kan lägga förmögenheter på ljudanläggningar för musik och film och tala sig varma

eller hesa för olika detaljer och nyanser. Och
med jämna mellanrum köper de nyare och
dyrare utrustning.
Men att höra på ett mer grundläggande sätt är
bara det fantastiskt.
Och än hör jag tillräckligt. Och i slutet av
sommaren kommer jag att höra bättre och
kanske till och med uppfatta de ljud som jag har
missat de senaste åren eller den senaste tiden.
Det blir trevligt – både för mig och omgivningen.

För ett tag sen skrev jag dikten "Än hör jag
tillräckligt". Jag ger den vidare här och hoppas
den kan sätta igång lite tankar och också orsaka
tacksamhet för det vi, trots allt, hör.

*Än hör jag tillräckligt*   (Skrivet 170812 )

Mina sjuttioåriga öron
missar ibland
pipen från timern vid ugnen,
om jag inte är tillräckligt nära,
och vissa ljud
hör jag inte alls längre.
Om jag fortfarande
kan höra syrsorna
vet jag inte,
vi har inga såna i lägenheten
eller i närheten av vårt
åttavåningshus.
Vid TV-n drar jag gärna
upp volymen rejält,
(är det bara jag som tycker

att nyhetsuppläsarna
bara mumlar nuförtiden?)

Men än hör jag tillräckligt.
Ofta drar jag ner
eller stänger av
eller stänger dörren om mig.

Inom mig ljuder sångerna
och musiken
från otaliga sånger
från min barndom och framåt.
Och melodislingor och fraser
från mina egna sånger,
de finns där, dem hör jag.
Mycket kan jag sjunga
ur minnet och hjärtat.
Och ibland gör jag det.
I maj i år i solskenet
vid affärscentret -
femti minuter i sträck
med ukulelen i händerna.
Sång på sång sjöng jag
utan upprepningar.

Än hör jag tillräckligt.

# Regn – bästa vädret

I natt kom regnet över Norrköping, och det var verkligen välbehövligt. Häromdan pratade jag i telefon med en av mina goda vänner på norra Öland. Jag hälsade och sa: "Har ni lika bra väder hos er som här?" "Ja, du", sa han. "Bästa vädret här, det vore om det regnade två dygn i sträck". Och i stora delar av vårt land är just nu det bästa vädret just regn.

Samtidigt finns några pojkar instängda i en grotta i Thailand. Och just nu är deras största fiende ett nytt regn som skulle minska och ta ifrån dem det lilla livsutrymme de just nu har.

Om vädret finns alltid synpunkter. Ofta har människor synpunkter om hur det borde vara för att vara riktigt bra. Det tycks aldrig vara riktigt rätt. Jag för min del tackar Gud för det här välbehövliga regnet som kom som en välsignelse från ovan. Visserligen har jag också tackat Gud för det soliga vädret vi har haft och njutit av det med mycket golf och några bad i sjöar och hav.

Vi moderna människor har i allt för hög grad tappat bort lugnet och förtröstan. Om det är varmt och torrt några dagar fruktar vi direkt att växthuseffekten redan har förändrat klimatet. Förra året var det mycket väsen om grundvattennivåerna och det dåliga läget i vattenmagasinen. Sen kom det i höstas och vintras massor med nederbörd, och allt blev normalt igen, men det hördes inte så mycket om det, bevars.

Tidigare generationer som var mer än vi beroende av väder och vind hade en lugn förtröstan och tog emot det väder som var och gjorde på något sätt det bästa av det. Så behöver vi nog lära oss att leva i dag också.

Men naturens krafter inger hälsosam respekt och borde göra oss ödmjuka inför livet och inför Gud. Långa torkperioder i Afrika och ofta återkommande översvämningar under monsunregnen i Asien och orkanerna i Västindien och delar av USA och en och annan tsunamivåg lämnar människan maktlös många gånger.

Just nu och just här är regn bästa vädret. Och i natt och i dag på morgonen och förmiddagen hade vi detta bästa väder. När jag var ute i några ärenden iförd regnjacka och keps var det med många tacksamhetens böneord till vår store och gode Gud som gav oss regnet.

Jag kommer att titta efter blåbär och skogshallon snart och efter svamp så småningom. Lite röda vinbär och goda körsbär har jag redan fått plocka och anrätta. Sommaren är underbar och livet är härligt.

Sommaren 1997 då vi bodde kvar i Lund i Skåne upplevde jag en härlig badsommar. Då skrev jag dikten "Badbok" och den delar jag med mig här nedan.

Glad fortsatt sommar!

# Badbok

Det var den sommaren
jag skrev badbok.
Sjutton olika badplatser vid havet
från Skanör till Seskarön vid Haparanda.

Jag skrev badbok,
och havet skrev dagbok
i min lyckliga kropp och själ.

Det silkesmjuka vattnet
och den vita sanden vid Skanör
glömmer jag inte

eller det friska, klara vattnet
vid ön i Trosa skärgård
med naturliga trappsteg
upp på klippan igen.

Men lekfullare än havet
var Kalix älv i flödande solsken,
ville dra iväg mig på upptäcksfärd,
släppte mig högst motvilligt
ur sitt famntag.

Två veckor senare
rev översvämningen broar
och dränkte vägar
inte långt därifrån.

Det var den sommaren.

# Bönemötet berör världspolitiken

Jag brukar gå på bönemöten i Pingstkyrkan i Norrköping. Det är en av huvudanledningarna till att jag på äldre dar vill bo i min födelsestad och hemstad Norrköping. Dessutom är det med bönemöten som med mycket annat i livet – inte särskilt lockande för den som aldrig är med men "spännande livsluft" för den som är med. Den här veckan upplevde vi på ett påtagligt sätt att likaväl som världspolitiken berör eller borde beröra bönemötet, så berör bönemötet också världspolitiken.

De senaste veckorna har media rapporterat om att det är fred mellan Etiopien och Eritrea, grannländerna på Afrikas horn. Etiopiens nye premiärminister Abiy Ahmed har spelat en viktig roll i fredsförhandlingarna – och han är personlig kristen, ja, pingstvän, rapporteras det.

I Pingstkyrkan i Norrköping finns en ganska stor och aktiv församlingsgrupp av eritreaner, som förutom att ta entusiastisk del av församlingens övriga arbete också har gudstjänster på tigrinya, ett av språken i både Etiopien och Eritrea.

I den här veckans bönemöte berättade bl.a. Ermias och Habtom detaljer i vad konflikten har inneburit och vad freden innebär och gav också en del av sin personliga livsberättelse.

Flera hundratusen människor har mist livet i gränsområdet mellan länderna, en sträcka på omkring 100 mil. I gränsområdet har det alltid funnits många familjer och släkter med både etiopiska och eritreanska familjemedlemmar, och myndigheternas hårda utvisande av eritreaner i Etiopien till Eritrea och vice versa har varit ett svårt lidande för söndrade familjer. Nu finns det flygförbindelser igen och telekommunikation och handel och utbyte. De kristna i Eritrea får en mer skyddad ställning.

Bön och bönesvar är oftast inte som att trycka på en knapp. Ibland tar det lång tid, och ibland tycker vi att vi kanske aldrig ser svaret. Men ibland är bönesvaret som att trycka på en knapp, och ibland ser man bönesvaret till och med i världspolitiken. Gudfruktiga och rättfärdiga ledare som får politisk makt kan många gånger uträtta oerhört mycket i det godas tjänst. Så var det för flera tusen år sen med den unge hebréen Josef i Egypten, och så är det idag med etiopiske "Dr Abiy" som han brukar kallas.

I dag finns på grund av krig, politiska orättvisor, naturkatastrofer och andra orsaker miljontals människor på flykt och som asylsökande i olika länder, också i Sverige. Många finns nära oss, en del kan vi med rätta känna oss osäkra på, men det allra största flertalet är orättvist drabbade, hederliga människor som försöker först och främst överleva och sen också leva och finna ett liv och en framtid. Många av dem har ärligt konverterat till kristendomen från islam för att de sett ljuset i Jesu ansikte och lära. De har mött sann medmänsklighet och kärlek och tolerans i kristna människor och

kyrkor.
Tyvärr behandlas många hårt och orättvist av
Migrationsverkets utredare som själva varken är
genuina kristna eller genuint muslimska troende
men som tror sig kunna avgöra andra
människors genuina tro. Så skickas alltför
många ut ur vårt land till nästan säker
förföljelse i "hemländer" som man ibland inte
ens har varit i, i alla fall inte på många år.
Då skäms man som kristen – och går till
bönemötet igen. Där träffar man sina vänner
från Sverige, Eritrea, Finland, Chile och Sri Lanka
och andra delar av världen.

I Skandinaviska Turistkyrkan på Gran Canaria
sjöng vi ofta och önskade ofta den norska
sången "Det är makt i de foldede hender" – Det
är makt i de knäppta händerna.

# Vem är fattig?

I en artikel i Aftonbladet 5 maj 2018 berättades att minst 231 500 svenska pensionärer hade så låga pensioner att de klassades som fattiga. Statistiska Centralbyrån berättar om fatttigdom ur olika perspektiv i en artikel i december 2017. Där berättar man först att i jämförelse med den globala fattigdomsgränsen, så kommer nästan alla svenskar att hamna över den. I stället finns ett uttryck i EU och Sverige som heter "materiell fattigdom". Jag citerar: *"Materiell fattigdom mäts av EU, och fokus för detta mått är om man har råd med en viss levnadsstandard.*

*Detta mäts genom att undersöka om personer kan betala oförutsedda utgifter, har råd med en veckas semester per år, har råd med en måltid med kött, kyckling eller fisk eller motsvarande vegetariskt alternativ varannan dag, har tillräcklig uppvärmning av bostaden, har råd med kapitalvaror som tvättmaskin, färg-TV, telefon och bil samt kan amortera på skulder.*

*En individ eller ett hushåll anses vara i allvarlig materiell fattigdom om man inte har råd med minst fyra av de nio posterna. Indikatorn skiljer mellan individer som inte har råd med en viss vara eller tjänst och de som av andra skäl inte har denna vara eller tjänst, till exempel för att de inte vill eller inte behöver det.*

*I Sverige är det knappt 1 procent av befolkningen som anses leva i allvarlig materiell fattigdom enligt den här definitionen. Detta kan jämföras med ett genomsnitt på 8 procent i EU. I Bulgarien och Rumänien lever omkring tre av tio personer i allvarlig materiell fattigdom."*

Rätt många kanske kan stämma in i det jag tycker och känner: Vi har det bra och lever gott men har inte mycket pengar "i plånboken" eller på kontot.

Tacksamhet och förnöjsamhet och förmåga att njuta av det man har är viktigt för oss. Jag kallar mig inte fattig, även om jag aldrig har haft just några reserver. Och när man inte har råd med lyx jämt njuter man desto mer av de lyxiga tillfällena i livet.

## Det finns en fattigdom jag inte kan leva utan!

Det finns en fattigdom jag inte kan leva utan! Det är vad Bibeln kallar att vara "fattig i anden", och Jesus talar om det i sitt berömda tal Bergspredikan (Matteus evangelium kapitel 5). "Saliga är de som är fattiga i anden, för dem tillhör himmelriket." (v 3).
Att vara fattig i anden är inte detsamma som att vara andefattig. Det handlar om att inse sin fattigdom utan Gud och Guds gåva och Guds ingripande. Det är att se att ingen egen merit eller ansträngning från vår sida imponerar på Gud. Ingen av våra gärningar kan öppna himmelen för oss. Det kan bara Jesu gärning göra, och den har gjort det för alla människor, alla som inser sin fattigdom inför Gud.

Det här är svårt att svälja för oss. Ska vi anse oss fattiga inför Gud? Ska inte Gud acceptera oss som vi är och ta emot vår tro, våra uppfattningar om religion och frälsning?
Han tar med glädje emot oss som vi är, men

138

han förbehåller sig rätten att själv bestämma vad tro är och vägen till frälsning är. Och Jesus läser gamla ord ur profetian som en programförklaring för sin kallelse: "Herrens Ande är över mig, för han har smort mig till att förkunna glädjens budskap för de fattiga. Han har sänt mig att utropa frihet för de fångna och syn för de blinda, att ge de förtryckta frihet " (Lukas 4:18)

Vi kan vända oss till Honom med Fanny Crosbys ord i psalm 211 översatta av E Nyström:
"Blott på din förtjänst jag kommer och din nåd begär.
Intet i mig själv jag äger, fräls mig som jag är!
Jesus, Jesus, låt mig bönhörd bli,
och då andra du välsignar, gå ej mig förbi!"

# Otro, otrohet och tvivel

På senare tid har jag börjat lösa korsord och tycka det är trevligt. Inte är jag någon särskilt duktig korsordslösare än, eftersom jag inte har hållit på så mycket eller så länge. I alla fall har jag märkt att vissa ord och begrepp och tankar återkommer så ofta att de liksom är en del av mångas tankevärld. Ordet "otro" återkommer ganska ofta i korsorden som något ont och negativt. Oftast är det då i betydelsen "otrohet" har jag förstått. Det är bra att otroheten mot en make / maka / livspartner fördöms, tycker jag. Men jag har förvånat mig över att det i korsorden alltid står "otro" och inte "otrohet".

I Bibelns och det kristna livets språkbruk används "otro" så gott som alltid om människan i sin relation till Gud, att hon sviker Gud, överger honom. Också otroheten fördöms givetvis i Bibeln, för i Guds plan är kärleken mellan man och kvinna och äktenskapets relation tänkt att vara något livslångt. I flera av bibeltexterna i Gamla Testamentets profetböcker talar Gud genom profeten på ett målande sätt om otron att överge Gud och hans ord och liknar det vid otrohet i en kärleksrelation.

Otro handlar alltså huvudsakligen om människans förhållande till Gud och talar om att vända sig bort från Gud, svika honom. Otro fördöms av Gud därför att det är en viljeakt, ett medvetet val.

Tvivel är något helt annat. Det är mer bristande tro fast man kanske egentligen vill lita och tro. De flesta människor hyser nog tvivel – på Gud, på andra människor och på sig själva. Oftast är det då inte ett medvetet avståndstagande utan mer en bristande tillit. Det kan bero på att man inte tillräckligt väl känner den man tvivlar på, eller också beror det på att man blivit sviken och besviken av den personen eller andra, så att man blir en tvivlare.

I både otro, otrohet och tvivel är ju tro och trohet utgångspunkten. I äldre tiders kultur föregicks äktenskapet av trolovning (man lovade trohet till varann), och att bryta denna förlovning / trolovning var något mycket allvarligt och ovanligt.

Utan tro är det svårt eller snarare omöjligt att leva. I mitt liv och yrke som pastor och församlingsledare har jag mött otaliga människor som valt trons och trohetens väg både ifråga om Gud och människor.
En del av dem har livet farit fram hårt med, och man skulle kunna börja misstänka att de skulle lämna trons väg eller trohetens väg i familjelivet. Men de har envist hållit fast vid Gud och gudstron och lika envist kämpat och varit trofasta i relationen till familj och livspartner mitt i all turbulens och de svek de mött. Det är som om tron och troheten är det självklara valet för dem, och tvivlet håller de ifrån sig så mycket det går.

En av vår tids sjukdomar är att ge upp för lätt. Vi kanske också tenderar att se på relationer och kärleksförhållanden som "slit- och släng-vara" som ofta bara håller en tid och bara i särskilt sällsynta fall är livet ut.

Jag tycker också att det borde vara lättare och mer vanligt att i livet hitta svaren och se underbara lösningar. Livet är inte så enkelt att förstå sig på. Men mina förebilder är de som envist håller fast vid tro och trohet och som i möjligaste mån inte ger rum för tvivlet. Och jag vill fortsätta att ta mina ideal från Bibeln och Jesus och apostlarnas undervisning.

Just nu försöker jag gång på gång än en gång upprepa inom mig de andens frukter som apostelns Paulus menar ska vara våra livsideal genom tron på Jesus och genom den helige Andes hjälp och kraft: "*Andens frukt däremot är kärlek, glädje, frid, tålamod, vänlighet, godhet, trohet, mildhet, självbehärskning. Sådant är lagen inte emot. ....Om vi har liv genom Anden, låt oss då också följa Anden.* " (Paulus brev till galaterna kapitel 5:22-25)

# Tron – tillgång och positiv kraft

Nyligen skrev jag ett stycke om "otro, otrohet och tvivel". Visserligen skrev jag där ett par rader om trons kraft och det positiva i tron, men det var ändå det negativa som var ämnet för mitt skrivande. I flera dagar nu har jag känt en stor längtan att skriva om tron som en tillgång och positiv kraft och nu vill jag göra slag i saken.

Tro är den medfödda och naturliga livshållningen ända från födelsen. Det lilla nyfödda barnet tror blint på att dess mor ska ta det i famn och ge det vad det behöver. Och det lite större barnet kastar sig med ett skratt i sin fars famn uppifrån trappsteget eller trädgrenen och vet att det finns ett par starka armar som tar emot.

Tron på en högre makt, på Gud, verkar också vara något medfött och gemensamt för alla människor. Från det lilla barnets tro på pappas och mammas förmåga är det bara ett litet steg till att tro på en mäktig och påhittig och underbar Gud som har skapat universum och står bakom alltsammans. Och att be till Gud tillsammans med barn och höra deras böner är en underbar upplevelse för oss vuxna som har fått våra törnar i livet och kanske tappat tron på mycket i tillvaron.

Att bevara och utveckla tron på Gud under livets gång verkar vara något av det viktigaste i livet enligt Bibelns undervisning. När Jesus vandrar omkring med sina närmaste lärjungar och undervisar och formar dem under tre års tid tar han upp det här temat många gånger med ord som "Ha tro på Gud!", "Tro på Gud, tro också på mig!", "Allt är möjligt för den som tror", "Var är er tro?" och "Har ni ännu ingen tro?".

Ordet "tro" har i vår moderna svenska alltför mycket klangen av osäkerhet i sig. Det är bra att påminna sig om att uttrycket för tro i Bibelns Gamla Testamente ofta är "förtröstan", det vill säga att helt lita på – ganska likt babyn hos sin mor eller det lite större barnet som just med lite fjärilar i magen ska hoppa från trädets gren till sin pappas armar.

Bibeln säger i Hebreerbrevet 11 (det s.k. "trons kapitel"): " Tron är en övertygelse om det man hoppas, en visshet om ting som man inte ser. ....Utan tro är det omöjligt att behaga Gud, för den som kommer till Gud måste tro att han finns och att han lönar dem som söker honom. " (v 1, 6)

En av den kristna kyrkans och förkunnelsens viktigaste uppgifter är att stärka, utveckla och uppmuntra tron hos människor både inom och utanför kyrkan. Aposteln Paulus skriver i Romarbrevet kapitel 10: " Alltså kommer tron av predikan och predikan genom Kristi ord." (v 17)

Något som är nästan lika viktigt som att bevara och utveckla tron på Gud är att bevara och visa tron på människorna omkring oss. Att uppmuntra andra och visa förtroende för dem kan locka fram oanade resurser och handlingar. Att ibland bli besviken eller sviken är ingen anledning att ständigt misstänka eller misstro andra. Tro och förtroende och förtröstan ska vara vår "ordinarie" inställning när vi möter andra människor.

Mer och mer inser jag att bönen till Gud och förbönen för människor och vår värld är en viktig uppgift och en stor del av livet. Och i bönen har tron och förtröstan mycket stor betydelse. Den kärve Jakob, Jesu halvbror, skriver " Men han ska be i tro, utan att tvivla. Den som tvivlar liknar havets våg som drivs och piskas av vinden. En sådan människa ska inte tänka att hon kan ta emot något från Herren, splittrad som hon är och ostadig på alla sina vägar. " (Jakob 1:6-8)

Tro kan vara att frimodigt be Gud hjälpa människor vi känner och inte känner. Ofta verkar bönen oberoende av avstånd.

Tron kan också vara att, snarare än att ständigt "skicka ut Gud att gå våra ärenden", själv vara villig att gå ut och utföra Hans ärenden till oss. För tron får inte stanna vid att be den Allsmäktige "att hoppa upp och göra det vi bestämmer". Trons vandring är att vi vågar "hoppa" och finna att den store Gudens armar alltid tar emot oss och att Hans hand alltid leder oss.

# Denna långa, fantastiska sommar

Ofta brukar det heta "Sommaren är kort, det mesta regnar bort" eller "Det här året inföll sommaren på en torsdag" eller något annat som visar hur vi i Sverige ser på möjligheterna till sol och värme under sommarmånaderna.

Den här sommaren (2018) har det verkligen varit annorlunda. Och då har väldigt många varit snabba med att klaga på den envisa värmen, för det är ju så med många människor, att de inte är nöjda med mindre de får klaga över något.

Jag vill inte förringa bristen på regn det här året eller problemen för bönderna eller låtsas som att inte sommarens stora bränder har orsakat mycket skada. Ändå vill jag ställa samman lite av denna långa, fantastiska sommars glädjeämnen.
Och det är inte slut än på långa vägar! När jag skriver detta är det strax efter mitten av augusti (tid för den klassiska surströmmingspremiären), och jag njuter ännu en gång av några dagar med klara, ljuvliga havsbad på Brattön utanför Kungälv, fast vattentemperaturen denna gång är strax över tjugo grader mot förra årets strax över femton vid samma tid.

Denna sommar var det närmast sydeuro-
peisk eller tropisk värme ända från maj och
tropiska nätter hade vi många enligt mete-
orologerna. De flesta av oss gick i shorts
hela tiden, och när vi gjorde upp om att
träffas till de många golfrundorna slutade vi
säga "om det inte regnar, förstås".
Badtemperaturerna var såna att jag nästan
tvivlade på den badtermometer jag brukar
ha med mig:
Till och med i havsvikarna Bråviken och
Slätbaken var det 26-27 grader i vattnet.
Och när jag en dag mitt i Motala bland
lunchande och turistande i Södra Hamnen
badade i Vättern nära ingången till Göta
Kanal och rapporterade vad termometern
visade, spred det sig med orden "Gubben
där säger att det var 25 grader i vattnet."
Denna sommar mognade vindruvor, kiwi
och persikor på friland i Östergötland och
äppelträden och päronträden är fulla av
frukt.
En dag nyligen på golfbanan vid Bråviken
var det massor av vita kålfjärilar som dansa-
de underbart över marken. Och apropå
fjärilar berättade mina vänner här på
Brattön att när lavendeln blommade blå i
rabatterna var det vita kålfjärilar och gula
citronfjärilar överallt, och de stora, mång-
färgade macaonfjärilarna svävade också
nådigt omkring vid lavendeln.

147

Denna långa, fantastiska sommar har gett mig
så mycket underbart, och jag ska minnas
känslan i fingrarna och åsynen och doften av
röda vinbär, mogna körsbär och skogshallon och
känslan av klart havsvatten runt hela kroppen.
Och än ska jag njuta ett bra tag till....

# Att höra och att lyssna

Den här veckan provade jag ut och hämtade mina två moderna hörapparater. Jag har inte haft någon livshämmande hörselnedsättning, så det handlar mer om att plötsligt få guldkant på tillvaron. De höga ljuden från timern hör jag nu även på lite avstånd. Och papperets prasslande och grusets knastrande under skorna och vattenkranens spolande och andra ljud har blivit mer distinkta och liksom "frasande". En del av detta lär höra samman med hjärnans uppfattande av ljuden och hjärnans tillvänjning och tolkning, och detta "nyhetens behag" kommer alltså att klinga av efterhand. Men yttervärlden har ändå liksom kommit närmare.

Ändå har också de senaste dagarna min fru och livskamrat sagt "Hör du vad jag säger?". Då är det (precis som tidigare) att jag tänkte på annat och var frånvarande och därför inte aktivt lyssnande. För att höra måste man ju lyssna också, och ibland gör vi ju inte det hela tiden, inte ens på dem vi älskar och har alldeles inpå oss. De flesta av oss behöver bemöda oss om att aktivt lyssna på varandra, och då hör vi ju mera, precis som jag de senaste dagarna har återupptäckt många ljud.

För all del är det nog ganska hälsosamt att vid behov kunna avskärma sig lite från alla ljud och synintryck som omsluter oss hela tiden. Vi behöver ibland "höra oss själva tänka" och också se bilderna inom oss.

Hundar och andra djur hör ljud som är utanför det mänskliga örats uppfattningsförmåga. Ljuden finns där men inte för oss hur vi än anstränger oss. Mina hörapparater hjälper mig att till viss del återerövra de höga ljudfrekvenser jag varit mer eller mindre döv för tidigare.

För mig som personlig kristen och troende med egen relation till Fader Gud och Herren Jesus Kristus och den helige Ande är andligt hörande och lyssnande viktigt.

I Gamla Testamentets berättelser återkommer gång på gång hur människor personligen hörde Gud tala så att de fick vägledning för sitt eget handlande och också kunde förmedla budskapet till andra.

I och med Jesu kommande och bibelns tillgänglighet för oss idag har vi möjlighet att ta reda på och höra Guds röst och vilja genom att själva läsa Bibeln och höra den förklaras av andra. Dessutom är det möjligt att känna och höra Guds tal till oss. Vi är skapade att höra den "frekvensen". Bön är att tala till Gud men också att lyssna. Ibland hör vi inte människorna omkring oss för att vi inte aktivt lyssnar. Låt oss bli bättre på att lyssna också till Guds röst! Om vi försöker, så ska vi upptäcka att det går! Och precis som vi ibland måste gå in i ett annat rum och stänga dörren om oss för att höra rösten i telefonen, ska vi skärma av oss från alla de andra ljuden och lyssna på Guds goda röst. Tala till honom med dina egna ord och tankar och förvänta dig att han svarar!

# Dagen efter

I dag är det dagen efter för mig.
Ja, dra inga förhastade slutsatser! I går hade jag visserligen mina tre bröder hemma hos oss på surströmmingsmiddag (knytkalas), och en av bröderna hade sin amerikanska fru med sig, men vi drack bara alkoholfri öl och vatten till maten. Det är alltså inte dagen efter i meningen baksmälla eller på engelska "hangover" (det som hänger kvar).

I dag är det dagen efter ett par intensiva dagar med flera engagemang och med städning och förberedelser för besöket i lägenheten i går och diskning och bortplockning i ett par omgångar.

I dag är det regn och dis utanför fönstret och jag har inget som pressar på och behöver inte gå utanför dörren på hela dagen, om jag inte vill. Jag kan gå här i lägenheten och göra det jag vill i den takt jag vill.
Det är dagen efter en trevlig dag och träff med flera av mina närmaste, god mat och dryck, tillfredsställelsen av att må bra och leva i harmoni med tillvaron. Detta är för mig "dagen-efter-känslan".

I dag är det också dagen efter den stora avslutande partiledardebatten på TV med många hårda ord och angrepp på motståndarna med annan övertygelse. I och för sig var det också många klarläggande uttalanden om vad de olika partierna tycker är viktigt för Sverige. I morgon är det valdagen med oviss utgång, eftersom det rödgröna blocket och de fyra allianspartierna är nästan exakt lika stora enligt färskaste mätningen, och inget block har ensam majoritet utan är beroende av stöd från andra för att få igenom sin politik....

På måndag den 10/9 är det dagen efter – verkligen. Dagen efter valet, då några partier ska bilda regering och börja ta tag i det riktiga arbetet. Må Gud hjälpa dem i detta viktiga arbete! Låt oss alla be om detta, även om inte de vi sympatiserar med har regeringsansvaret!

Men i dag är det en skön dagen efter – utan press och stora krav för mig.

För några dagar sen upplevde jag både press och besvikelse av olika skäl. Dagen efter skrev jag några diktrader och liksom skrev av mig missmodet och de negativa tankarna. Och efter det kunde jag gå vidare. Vi har olika dagar, en del sämre och en del bättre.


## Trotsigt blå

Vaknade vid fem.
Missmodet från i går kväll
stack upp i tankarna.
Vad är jag bra för?
Verkar knappast behövas
eller efterfrågas.
Gick upp vid sex –
vanliga snabba morgonbestyren
och frukosten
och sen bibeln och bönen som vanligt.

Det känns bättre nu.
Om en stund cyklar jag till stan
och bönemötet.
Hjälper till med musiken
om det behövs,
annars har jag fullt upp själv
med tack till Gud och mina egna böner.

Sen står jag på stan en stund
med ukulelen och Jesussångerna –
ingen hindrar mig där.
Efter lunchen kör jag till skogen
och letar svamp.
Kantarellerna lär ha kommit.

I dag är jag helt klädd i blått
från topp till tå
inklusive pennan i bröstfickan.

Trotsigt blå och blåögd,
det är jag, det.

....

På svenska har vi numera införlivat ett engelskt
eller snarare amerikanskt uttryck, som kanske
lite mer korrekt skulle uttryckas "Ha det så bra i
dag!". Men vi säger det mest lite amerikaniserat
"Ha en bra dag!"
Norrmännen säger praktiskt och enkelt "Ha
det!"

# Världsnyhet i svampskogen

I dag var jag i svampskogen i norra Öster-
götland med ren, klar luft och solsken. Jag njöt
av den svenska allemansrätten och gick på
fjädrande mark i skogen och plockade tratt-
kantareller, taggsvamp och några kantareller.
När min fru och jag och vår vän I som varit
pingstmissionär i Afrika träffades vid bilen för
att äta matsäck, bubblade I... över av lycka om
att via telefonen fått höra om att Nobels
fredspris gått till Dennis Mukwege, doktorn på
Panzisjukhuset i Kongo, för hans oförtröttliga
kamp emot det sexuella våldet i Kongo. I.....
ansvarade för internatet på den skola där
Dennis gick som ung pojke, en skola startad av
svenska pingstmissionen. Hon har träffat honom
flera gånger som vuxen och i hans nuvarande
arbete. Han delar ju Nobelpriset med Nadia
Murad, kurd som själv drabbats av IS och deras
våld och våldtäkter som ett vapen i terrorn.
Dessa personer har i många år och under döds-
hot levt nära det trauma tusentals kvinnor gått
igenom och går igenom i två olika delar av
världen.
Doktor Mukwege kallas "pappa" av massor av
de kvinnor som han personligen har opererat
och reparerat i underlivet. Den lille pojken från
enkel familj, pingstvänner i Centralafrika, har
gjort en klassresa och en livsresa och är nu en
av de mest firade hjältarna i vår värld.

Vi åt våra äggsmörgåsar och drack vårt kaffe

154

där i vår idyll i vårt skyddade hörn av världen,
och sen  tog vi bilen till nästa ställe i skogarna
ett par kilometer bort och fortsatte promenaden
i skogen och plockandet av svamp. Och vårt
sökande av svamp var ju inte för att få mat till
livets nödtorft och överleva utan helt enkelt som
guldkant på tillvaron.
Och vi gjorde det i tacksamhet och små utrop
nu och då om hur bra vi har det. Och tacksam-
heten riktades självklart också till Gud som gett
oss så mycket gott.

I går hade jag kafémöte i Pingstkyrkan i Motala.
Mina sånger och mina ord och allsångerna vi
sjöng hade som röd tråd och tema "Tacksam-
het". Bl.a. läste jag min dikt "Bubblande
livsglädje" där de avslutande orden är:
"Skulle inte jag -
även om jag tillhör moder Jords
mest otacksamma och missnöjda livsform -
skulle inte jag
ha bubblande livsglädje
och tacksamhet? "

Vilken dag jag har haft i dag i vacker natur och
höstväder och härliga höstfärger!
Och lugnt och skönt var det i skogen nu tre
dagar innan älgjakten gör att det kommer att
smälla och låta lite här och var i markerna. Men
jag unnar älgjägarna deras lycka.

Avslutar med min svampdikt från
Smålandsskogarna för tjugo år sen:

## Liten svamplära

Kantarellen - läcker i smak och doft,
en glad, gul vitamininjektion i ögonen.
En stor ring sådana på marken
får hjärtat att klappa snabbare.

Taggsvampen - fullgod tröst
i sökandet efter kantareller.
Svamparnas punkare
med hår och nitar under hatten.

Trattkantarellen - liten men naggande god.
Skogens brunhättade kameleont
som älskar kurragömma.
Stammen kan lysa gul i kvällssolen
som en minitall.
Får du se en, så stå still,
och plötsligt syns tio och hundra.
Skratta, om du vill,
men jag tror fullt och fast
att de kan flytta på sig.
I alla fall gick jag tio meter bort,
och när jag kom tillbaka
var de borta - retstickorna.
Jag älskar dem.

# Ordbehandling

Ända sen jag var mycket ung på 1950- och 1960-talen har jag varit intresserad av ord och deras betydelse. Eftersom jag var en riktig bokslukare som barn fick jag snabbt ett stort ordförråd, och dessutom blev jag genom min uppväxt i Indien också van att förstå och uttrycka mig på engelska, även om internatskolan jag gick på var svensk, ja, mycket svensk. Redan som mycket ung började jag skriva dikter och så småningom också sånger. Att hitta och använda rätt ord och beskrivningar har varit ganska lätt för mig. Ordbehandling – det har förstås nästan blivit som ett eget begrepp, en del av datorernas värld i och med att fler och fler fick egna datorer på 1980- och 1990-talen. Nu har vi självklart i vår dator eller surfplatta eller moderna telefon så kallade ordbehandlingsprogram med automatisk avstavning och stavningskontroll.

Alldeles nyligen löstes det låsta läget på Svenska Akademin på så sätt att man lyckades tillsätta två nya medlemmar, så att man i fortsättningen kan fungera. En av dessa två är en hög jurist och alltså inte författare. När man förklarade och motiverade valet talades det om att också i juridiken är ord och ordens valör något mycket viktigt, och därför låg det nära till hands för en jurist att finnas som en del av den grupp som förutom att dela ut Nobelpriset i litteratur också ger ut Svenska Akademins

Ordlista och Ordbok, det som till stor del bildar en norm för vad som är språkligt rätt på svenska.

Själv tror jag, fast jag sen många år mest skriver på datorn eller surfplattan, att det också är viktigt att kunna skriva för hand och ha en handstil. Ibland är det en njutning att skriva med penna på papper eller i en skrivbok.

Det är bra att kunna använda orden både när vi talar och när vi skriver. Ett torftigt eller svordomsfyllt språk från kända personer i TV eller radio gör ett beklämmande intryck. Och samtidigt är det nog viktigt att vi som har ganska lätt för ordbehandling inte blir självgoda snobbar utan alltid försöker förstå vad människor menar och också försöka tyda allt till det bästa. Alla har vi sagt saker som var ogenomtänkta och blev klumpiga eller plumpa, fast vi inte menade det. Vill vi bli behandlade med barmhärtighet, så ska också möta andra och deras uttalanden med barmhärtighet.

Så finns det, enligt min mening, en stor skillnad i det skrivna och det talade. När man talar eller berättar eller predikar tror jag personligen att man inte ska läsa innantill alltför mycket. En del präster och pastorer begränsar sig till att "läsa sin predikan". Det tycker jag är synd, för visserligen kanske det innehållsmässiga blir mer korrekt, men kontakten med åhörarna och hela engagemanget blir lidande. De flesta av oss behöver säkert anteckningar och stolpar när vi talar inför andra, men talare som nästan helt är oberoende av sina anteckningar men ändå följer "sitt manus", de gör stort intryck på mig.

Nu vill jag vända på alltsammans. Ordbehandling betyder ju oftast att vi behandlar orden. Men det finns ett annat Ord, Guds Ord, bibelordet. För mig som predikant och förkunnare eller som engagerad lekman är det bra att kunna lite ordbehandling, men ännu viktigare är det att jag behandlas av Ordet. Läs nedan min dikt från 1995 som tar upp det perspektivet!

*Ordbehandling*
Sitta vid datorn
arbeta med ord
forma tankar
meningar
koncept
att förmedla till andra.

En grundförutsättning:
att Ordet har behandlat mig,
trängt in i mitt liv,
format min tanke,
min mening,
mitt koncept.

Om Ordet är äkta,
omanipulerat,
kan min ordbehandling
beröra och röra,
betyda något,
kanske förändra.

Omvänd ordbehandling
- det enda raka.

# Stugmöte

För ett par dagar sen blev jag ombedd att i en kommande samling för ledare av smågrupper i vår kyrka hålla ett inledande tal med lite bibelord och inspiration. Jag tackade med glädje ja till förtroendet och har börjat fundera på vad jag ska säga.

I vår kyrka och församling finns det en hel rad olika grupper med lite skiftande innehåll som sorteras in under smågrupperna: en handarbetsgrupp som skickar sina alster till behövande i andra länder, en finsk och en eritreansk församlingsgrupp med egna samlingar förutom att de deltar i församlingens gudstjänster och verksamhet. Det finns också praktiska servicegrupper som sköter städning av kyrkan och kyrkkaffe och mötesvärdskap under gudstjänster.

Men de flesta smågrupperna är vad vi skulle kunna kalla bönegrupper som träffas till sång och bön och bibelläsning och lite fika och är hemma hos varann en eller flera gånger i månaden.

Jag smakar på ordet "stugmöte" och tycker om det. Över hela världen i kyrkor och församlingar i olika samfund har de kristna träffats i hemmen och haft gudstjänst och gemenskap. Under sjuttio år av kommunistiskt styre i Sovjetunionen hade många kyrkor, som inte fick ha kyrkobyggnader, sina huvudsakliga mötesplatser i hemmen eller i vissa fall i skogen när riktigt många skulle samlas. Under mina besök i olika delar av Sovjetunionen alldeles i slutet av 1970-talet och på 1980-talet var jag med på många sådana samlingar, ibland med 50 personer eller mer i en vanlig lägenhet. Annars handlar väl stugmöte mer om upp till 10-15 personer som har en mer informell samling.

I södra Indien där jag hade min uppväxt och också arbetade som förkunnare ett par år var jag ofta med på den typen av stugmöten.

Ganska många stora och starkt växande kyrkor har smågrupperna som det allra viktigaste i församlingsuppbyggnaden, där veckans två viktigaste samlingar är "cellgruppen" / bönegruppen i hemmen och den stora söndagsgudstjänsten i kyrkan. Detta är de två "vingarna" som bär församlingen uppåt och framåt. Och i dessa församlingar förväntas och uppmanas alla medlemmar att varje vecka besöka både hemgruppen och kyrkans söndagsgudstjänst. En förebild för många pastorer och församlingar är den ofattbart stora megakyrka som den sydkoreanske pastorn Yonggi Cho byggde upp från grunden på den här principen. Antalet församlingsmedlemmar i Seoul har varit 800 000 eller mer, men trots detta otroliga antal människor har kontakten med och stödet till alla tydligen kunnat fungera genom smågruppsorganisationen.

Jag tror i och för sig inte att såna nästan militäriskt organiserade och styrda församlingar är någon bra modell för demokratiska och individualistiska Sverige där vi är vana att bestämma själva över våra liv och slår bakut eller drar oss undan om någon försöker styra våra liv, hur välment det än kan vara. Men jag tror på vikten av att vara med i både den stora gudstjänsten och i den informella gruppen i hemmet. Kanske finns det inget land i världen med, procentuellt sett, så många ensamma människor som Sverige. 2014 kom en samlad statistik över hushållen i Sverige som visade att omkring fyra av tio (37,7%) hushåll var ensamstående utan barn. Till en del är ensamboende och eget hushåll ett medvetet val och ett uttryck för välstånd och oberoende, men i siffrorna ryms alldeles säkert mycket ofrivillig ensamhet och längtan efter gemenskap.

Under en dyster tid av Sveriges andliga historia med den lutherska statskyrkan fanns det en rädsla för de fria andliga samlingarna utan att en präst var närvarande. Så fick vi det s.k. "Konventikelplakatet" 1726, som förbjöd stugmöten med kristet innehåll om inte en präst var närvarande. Det gick naturligtvis inte i längden att hindra människors längtan efter andligt liv och förnyelse, och bl.a. metodismen och baptismen bröt fram också i vårt land. Det första baptistiska dopet skedde 1848. Tio år senare 1858 avskaffades konventikelplakatet.

Psykiskt och andligt välbefinnande har vi goda chanser att hitta i de kristna smågrupperna i hemmen, i stugmötena. Välkommen med, du också!

# Smältdegeln

*"En degel är en eldfast behållare som bland annat används inom kemi och metallhantering. Den är tillverkad av till exempel järn eller speciellt porslin och används för att smälta eller transportera ämnen vid hög temperatur, till exempel vid kemiska försök eller vid gjutning av metaller."* *(Wikipedia)*

I dag använder vi oftast ordet "smältdegel" i bildlig bemärkelse för en plats där olika saker, seder och kulturer smälter samman. Och i praktiken handlar det om att vi alla påverkas av varann och påverkar varann. I politiken och det offentliga samtalet talas det en hel del numera om "det svenska" och vad som är bra i Sverige.

I tidningen Dagen den 26 oktober 2018 fanns flera reportage om svenskhet från olika perspektiv och reflektioner från dem som flyttat till Sverige nyligen eller för många år sen. Jag läste där att 20% av vår befolkning i dag har bakgrund i ett annat land.

Livet och det vi upplever under livets gång är en verklig smältdegel. Vår syn på saker och ting modifieras och ändras av upplevelser och samspelet med andra människor. För en tid sen blev jag både förvånad – och lite irriterad – när en man jag var vän med för 30 år sen i Ukraina i brevkorrespondens citerade eller "mindes" någon åsikt jag uttryckt på den tiden och tog för givet att jag tyckte exakt lika nu. Dessutom tror jag att jag aldrig då sa exakt det han tyckte sig minnas.

Äktenskap och parrelation och familj är också en viktig smältdegel. Ofta tycker vi att makar som levt 40 eller 50 år tillsammans är lika och oerhört samspelta. Förmodligen var det inte så från början, men vi tar intryck av varann på många sätt, även om vars och ens unika personlighet inte behöver gå förlorad för den skull.

Den kristna församlingen och gemenskapen är eller kan vara en smältdegel. Dagenartikeln jag läste rapporterade från ett besök i New Life-församlingen i Stockholm (Evangeliska Frikyrkan). Bland de 800 medlemmarna finns 52 nationaliteter representerade. En av dessa medlemmar är Sheila Jeriot från Kenya som bott 23 år i Sverige. Hon säger något viktigt som belyser smältdegelns effekt: "I Sverige känner jag mig kenyansk, men när jag besöker Kenya känner jag mig väldigt svensk."

Jag är mycket tacksam för livets och erfaren-heternas och det långa äktenskapets smält-deglar. Mycket har förändrats i mig och med mig på de sextio åren sen jag var den blonde, magre, blixtsnabbe och aktive svenske missio-närspojken i södra Indien med svenska, indiska, engelska och amerikanska kamrater och bekanta. En hel del av den pojken finns nog kvar hos mig, men jag är glad över att det finns mycket annat också som är jag i dag.

Den viktigaste smältdegeln i mitt liv är relationen med Gud, med Jesus Kristus och Guds Ord. Denna sanna smältdegel kan allra bäst smälta bort det orena slagget i ett människoliv och få fram ädel metall. Det är inte klart än men en dag kommer det att hända – den fullkomliga sammansmältningen med Gud och det nya samhälle som kallas Guds Rike i fullkomning.

Låt mig avsluta med några rader ur Ingmar Johanssons underbara sång "Alltid på väg":

*"Jag är alltid på väg mot en avlägsen destination*
*bortom det man kallar tid och rum.*
*Detta mål ger mig mod, ger mig kraft, ger mig inspiration*
*till att möta år som jag nu har framför mig.*
*Nej, vad jag än gör, vad jag än tar mig för, ska jag aldrig släppa taget*
*om denna osynliga hand som Herren sträckt mig.*
*Nej, vad jag än gör, vad jag än tar mig för, ska jag aldrig släppa taget*
*om detta osynliga land som kallas himlen."*

# Mellan Halloween och Alla Helgons Dag

I onsdags var det Halloween här i Sverige. Jag hade för säkerhets skull köpt lite smågodis, om några barn skulle ringa på och ropa "Bus eller godis?" det här året. Men det blev inte så det här året heller här på femte våningen i höghuset.

Halloween är monster- och spökhelgen som är jättestor i USA men inte riktigt har slagit igenom lika mycket i Sverige, även om handeln låtsas det och skulle vilja det. I Sverige är Halloween så gott som alltid samma vecka som Alla Helgons Dag med gravsmyckning och tända ljus och tankar på de nära som dött. Och i många kyrkor läser man upp namnen på de medlemmar som dött eller "flyttat hem" sen förra årets Alla Helgonahelg.

Fortfarande är jag inte förtjust i Halloween, men jag har blivit mer tolerant med åren och förfasar mig inte så mycket över hela spektaklet, eftersom jag också märker att Alla Helgons Dag egentligen inte hotas eller slutar finnas i människor medvetande på grund av Halloween. Det var jag mer orolig för tidigare.

Om det finns en dragning till det andliga och det oförklarliga och till det övernaturliga, så finns det kanske också en möjlighet att de goda andliga krafterna och bönesvaren och den helige Andes kraft kan hitta in i människors tillvaro. Guds rena kraft och mirakler har ju, trots allt, den största dragningskraften för var och en som ärligt söker det andliga.

Jag ser gärna på film och serier och njuter både av spänning och skönhet och fascinerande berättelser av olika slag. Ofta ser jag andliga och kristna tillämpningar och budskap där de kanske inte avsiktligt finns och absolut inte är huvudsaken.

Nyligen såg jag en serie på betalkanalen Netflix. Den heter "Good Witch" vilket betyder "Den goda häxan" – en motsägelse i sig själv. I själva verket är det ett familjedrama där huvudpersonerna är mor och dotter i en familj där i generationer kvinnorna har ett rykte om sig att ha magiska krafter. Den här charmiga mamman och hennes tonårsdotter är i själva verket sinnebilden för goda människor som osjälviskt vill hjälpa människor. Utgivaren av serien är Hallmark, ett närmast kristet amerikanskt TV-bolag, som står för traditionell etik och moral och vars hjältar ofta är varma kristna.

När jag har sett serien om de "goda häxorna" har jag i själva verket ofta kommit att tänka på bön och bönesvar och Guds ledning och den Helige Andes ingripande.

Jag är inte alls säker på att du skulle dra samma slutsatser eller kunna se den här serien med behållning, eftersom det finns antydningar om att de olika "bönesvaren" är magi, låt vara inte svart magi utan magi som inriktar sig på att göra det bra för människor.

Min enda slutsats i det jag skriver är att det mitt i vår materialistiska tid och sekularisering finns plats för det andliga, för bönesvaren, för sanna kristna som fyllda av Guds goda kraft finns mitt ibland människor och bidrar till att de kommer rätt och mår bättre.

Ju äldre jag blir, desto mer ser jag bönen för andra och för min stad och mitt land och mina medmänniskor som den största insats jag kan göra. Mitt predikande och författande och sångskrivande klingar av mer och mer och kanske också bleknar mer och mer i mina egna tankar.

Mer och mer längtar jag efter att genom bönen till Gud och goda ord till människor göra tillvaron bättre för andra och för min omgivning. Kanske verkar det som magi, men det är Kristi kors och Jesu namn och den Helige Andes vind som blåser genom människor.

# Tankar från personlig retreat

Under två veckor ( med två tvådagarspauser tillsammans med min fru och familj) är jag ensam på personlig retreat i ett hus vid en havsvik i Östergötland. Varje år försöker jag hitta några dagar för detta och i år blir det ganska många dagar. Här kommer lite tankar om och från retreaten:

Torsdag:
Också i morse i dagsljus låg dimman tät, och jag såg vattnet men inget mer än så. Jag åt min frukost på den tjusiga, inglasade och välmöblerade verandan med utsikt över tallarna häromkring och över vattnet. Så lyfte dimman och jag såg de trädbeklädda öarna ute i vattnet. En vacker vit svan simmade nära land här i viken nedanför huset. Hon hade sällskap av två lika stora fåglar men med spräcklig fjäderdräkt. Det var väl hennes nästan vuxna ungar. Två stycken kvar som klarat sig – av hur många? Knölsvanen lägger 4-10 ägg har jag läst. Djuren får mer än oss människor stå ut med att förlora någon eller flera av "ungarna". Vi människor har ju krångligare hjärnor och psyke än svanar och drabbas förstås hårdare av förlusten av ett barn. Ändå är det nog viktigt att fortsätta leva och vårda det vi har kvar och uppskatta det. Det är tyst här och en känsla av att vara vid världens ände. Den idylliska viken några meter bort har förbindelse med världshaven. En roddbåt ligger förtöjd vid bryggan, och jag har

fått instruktioner från min värd var nyckeln och årorna finns att hämta. Det enda ljud jag har hört utom dem jag skapar själv är en och annan stor fluga som har hamnat innanför fönstren och ännu inte tystnat inför vintern. Här är det rymd och frihet och svindlande perspektiv i allt. Det bekväma, vackra huset med vackra och robusta möbler och prydnader och ljuspunkter, utsikten åt olika håll och omgivningarna, allt leder till tacksamhet och lovsång.

Den första retreaten jag var med om för många år sen nu var ett par dagar vid Vättern på en vacker plats och tillsammans med andra pastorer och med retreatledare och några fasta tider och inslag under dagarna. Den gången var retreatens tysta timmar för mig själv oerhört skapande och produktiva med tankar och texter som tycktes komma till mig med så stor lätthet. Sen dess finns en fara inför varje retreat att det hos mig finns ett felaktigt nyttoperspektiv – att det varje gång ska flöda kreativa tankar som leder till dikter och texter att dela med mig till andra.

Men "nyttoperspektivet" är ju inget syfte för retreaten, möjligtvis en positiv bieffekt. Det är ju att komma bort från nyttoperspektivet som är det viktiga. En del afrikaner lär sitta stilla och invänta sin själ. Retreaten är reträtten från hjulspåren, de fasta rutinerna, planerna och verksamheten.
Också en pensionär med gott om tid och fritid

kan hamna i ett hektiskt veckoschema med tider att passa.

Retreaten är för mig att vända tillbaka till Guds närvaro och gemenskap och finna att han inte är sur på mig för att jag har försummat honom och handlat fel ibland, även om det inte har varit med flit.
Det verkar som om Gud alltid välkomnar mig med öppna armar och med ömhet och glädje. Nuet verkar vara det viktigaste för Gud, inte sårade förebråelser om vad som har varit fel. Jag påminns ofta om vad M i Vetlanda för många år sen sa apropå sin hund hon hade hemma. "När jag kommer hem välkomnar hunden mig överväldigande och med glädje, även när jag kanske har försummat den och kommer senare än jag skulle."
Vi människor förgiftar ofta nuet för oss själva och varandra med våra sårade känslor bakåt eller framåt.

Nu vill jag vara här – med mig själv och med Gud. Gud äger all tid, bakåt och framåt. Jag äger bara nuet, men det räcker för tillfället.
Nu döljer dimman sikten igen över vattnet och förbindelsen med världshaven. Bergknallarna omkring mig med urberg och enar och ljung och blåbärsris talar fortfarande om det myllrande livet utanför huset. Någonstans på vattnet härutanför simmar svanmamman med sina två "tonåringar".
Här inne i ett bekvämt hus är jag. Och Guds kärlek, nåd och glädje omsluter mig – utan

förbehåll.

... eftermiddag strax efter fyra...
När jag nyss satt på verandan med en kaffekopp
i handen och kurade skymning och tittade ut
över den lilla viken nedanför huset, såg jag
svanmamman igen med de två "tonåringarna"
stilla simma rakt över viken igen. Och nu var
pappan med också. Svanarna lär ju hålla ihop
hela livet med samma partner. Ett föredöme för
oss människor, även om det inte alltid är
möjligt.....

Fredag:
En ny dag utan "måsten".
Steg upp först vid halv nio, eftersom jag hade
svårt att somna i natt – utan särskild orsak, det
bara var så med tankar som snurrade. Bland
annat arrangerade jag i huvudet några sånger
som är tänkbara att sjunga och spela tillsam-
mans med violinisten och sångaren Håkan om
en dryg vecka i vår kyrka.
Också i dag är den stilla havsviken här utanför
insvept i moln och dimma, fast sikten är bättre
än i går morse. Känslan av att vara ensam i hela
världen för att jag vill det just nu, den förstärks.
Efter frukosten sitter jag i den bekväma
rottingsoffan i uterummet med utsikten mot
vattnet och sjunger lite till mitt röda dragspel.
Musiken flödar inte precis, eftersom jag är
betydligt mindre flyhänt på dragspel än på
piano, och efter ett par lovsånger ställer jag
ifrån mig dragspelet för att skona mina öron –
och Guds också, även om jag tror att han hör

hjärtats och själens intentioner högre än de fysiska ljuden eller oljuden från oss.

Efter mina ordinarie kapitel i bibelläsningen, läser jag högt för mig själv och för tallarna och havsviken de fyra kapitlen i Paulus brev till kolosserna. Där beskrivs grundläggande fakta tillsammans med svindlande höjder och djup i den kristna tron och det kristna livet. Underbart att läsa och att lyssna på!

# Gåvan av mitt liv – 71 år hittills

Mitt långa liv hittills ter sig mer och mer som en ofattbar gåva: I över 71 år har mitt liv och min livstråd hållits intakt...
Den tidiga barndomen i Norrköping, Kina och Indien. Den svåra hjärnhinneinflammationen i första klass på internatskolan i Kodaikanal med vård på missionssjukhuset i Tiruppattur, då mamma och pappa i Mysore inte visste något förrän jag var frisk igen. De busiga pojkåren med sport och läsning och avancerade busstreck. Hemkomsten till Sverige och tonåren i Norrköping. Inlemmandet i pingstkyrkan genom dop och ungdomsarbete och sång och musik. Kamrater, flickvänner och hormoner och dålig kunskap om livet, kärlek och sex men beskydd under de åren. Kärleken till Gittan i artonårsåldern och mötet med henne som blev min livskamrat i vått och torrt, henne som jag lärde mig kärlekens sanna ABC med... och relationens ABC där vi fortfarande inte är fullärda.... Gifta i över femtio år nu... det är över 2600 veckor och en bra bit över 18000 dagar... och nätter....och många, många kärleksmöten.... och fnurror på tråden.... och lugna , trygga perioder ....och vulkanutbrott och pyrande missnöje och tråkiga känslor....och trygg kärlek igen....
Två underbara, begåvade och speciella barn...och ett barnbarn....
Och den ofattbara nåden och storheten i att på något sätt ändå vara utvald av Gud och använd

som ett redskap, som förkunnare och Guds
tjänare – i Sverige på olika platser, i Indien, i
Sovjetunionen och OSS-länderna, Kazakstan och
alla de andra länderna och platserna med
tillfälliga besök och upplevelser och möjlighet
att tjäna Gud.
Och sångerna, alla sångerna jag har fått
skriva... och alla jag sjungit tillsammans med,
särskilt barnen...
Och de där särskilda tillfällena då något stort
utlöstes....A-C, L, U.. och S.. i Örnsköldsvik,
Bajkal i Almaty, Solveig i Strängnäs.....
Samarbetet med David Wilkerson i Stockholm,
tolkningen på "apati-budskapet" som sen
spreds i massor på video och sen på internet....
att sångrösten finns kvar och musicerandet och
minnet av sångtexterna.....
Och dikterna och texterna under årens lopp.....
Jag minns också fortfarande pingstväckelsen
och predikanterna och församlingarna och de
ekumeniska kontakterna och personlighe-
terna ...... och sångerna sen slutet av 1960-
talet och ända tills nu. Och de gamla sångerna
och en del av de nyare sångerna, alltihop finns
inom mig fortfarande.
Och bibelorden och sanningarna och erfaren-
heterna och upplevelserna, alltsammans finns
som en levande, vibrerande, tjock "navelsträng"
genom flera årtionden och fortfarande i stånd
att ge liv och överföra näring och tillväxt. Allt
finns där nu. Nuet rår jag om. Morgondagen vet
jag inget om. En trafikolycka, ett sjukdomsfall
eller trauma, en hjärnblödning eller hjärtattack
eller smygande eller galopperande demens, vad

som helst kan när som helst klippa av den där tjocka, vibrerande navelsträngen, sammanvävd av biologi och psykologi och människa och naturliga talanger, gudomligt inflytande och andliga gåvor. Jag är en enda människa, en unik människa. Det finns andra som kan mer och är mer, men bara jag är jag.

Just nu svävar jag mellan hav och himmel och jord som en albatross. Jag är en skicklig flygare på mitt sätt och med stort vingspann och stor aktionsradie. Jag är en albatross. Tack, Gud för mitt liv!

# Släng "slit och släng"!

Nyss läste jag i tidningen Dagen att årets julklapp 2018 blir "återvunna kläder". Detta gläder naturligtvis secondhandhandeln och miljökämparna. När jag tittar närmare på nätet ser jag att man talar om nya kläder av återvunna textilier, och då är miljövinsten inte så stor (cirka 10%), men detta är givetvis ändå värt en del. Största miljövinsten är att överta eller köpa begagnat, och det var det jag trodde när jag såg tidningstexten.

I vilket fall som helst behöver vi göra oss av med "slit och släng"-kulturen. Att använda kläder länge är miljövänligt. Här är jag, egentligen omedvetet, sedan länge en stor miljövän, för jag älskar mina gamla plagg och skor som är välanvända och ingångna. Min fru använder ibland ordet "sjaviga" om mina kläder, och jag är inte riktigt säker på vad det betyder, men jag tror inte hon uppskattar vidden av min "miljömedvetenhet" när det gäller kläder.

Vi har haft det bra i min familj, men under nästan alla våra femtio år som gifta, så har vi inte haft så gott om pengar. Att köpa nya, dyra kläder har vi fått vara försiktiga med. Därför har jag med glädje tagit emot klädesplagg eller skor av någon vänlig församlingsmedlem i kyrkan eller god vän. När jag var ung predikant på ett ställe var det en änka i församlingen som gav mig en tunn, ljus rock efter hennes avlidne man. Den använde jag mycket och med glädje. Att jag internt till min fru ibland talade om den som "likrocken" var mest ett skämt och betydde inte att jag inte uppskattade gåvan.

Under några år på 1970- och 1980-talen bodde vi i Örnsköldsvik. En av mina vänner där (S) har under årens lopp vi har känt varann faktiskt tre gånger gett mig jackor som jag har varit väldigt glad för och använt mycket. Ja, den senaste, gröna härliga och varma jackan fick jag för bara några månader sen och har alldeles nyss börjat använda. Efter vad han säger, hade han köpt jackorna till sig själv men efter ett tag känt att de var för stora för honom, och så har han gett dem till mig. Nu, tredje gången, börjar jag faktiskt ifrågasätta hans självbild när det gäller fysisk storlek, annars är han ett praktexemplar och en kraftkarl på flera sätt. Hur det än ligger till med de här sakerna så har jag med tacksamhet tagit emot och använt dessa begagnade och härliga jackor. Särskilt nummer två, en rutig, värmande och ganska lång yllejacka i rött och grönt har jag använt i många år och mycket.

(Jag ser för min inre syn hur mina bekanta som läser detta nickar instämmande och igenkännande eller kanske suckar lättade över att jag börjat använda den gröna jackan).

Den senaste tiden har TV-program och artiklar också börjat granska det stora matslöseriet i Sverige, och det är verkligen bra. Vi svenskar har börjat stirra oss blinda på "bäst-före-datum" och slänger massor i onödan utan att ens använda oss av sunt förnuft och smak och lukt för att avgöra om varor är användbara.

"Slit och släng" är illa nog när det gäller prylar, men när det också börjar gälla gemenskap, vänskap och relationer är det ännu värre. Låt oss vårda relationerna och vänskaperna vi har! Ibland behöver kanske också repareras, helas. I samma utgåva av tidningen Dagen (21 november 2018) skriver psykologen Alf B Svensson mycket bra och tänkvärt om relationer med rubriken "Kärlek är som att satsa på aktier". Bl.a. skriver han: "När det går ner på börsen ska vi ha is i magen och sitta still i båten....När känslorna svalnar ska vi också sitta still i båten, ha is i magen och inte rusa iväg och byta partner. 40 % av alla som gifter sig första gången skiljer sig. Nästan 60% av alla som gifter sig en andra gång skiljer sig, och gifter man sig en tredje gång spricker nästan 70% av äktenskapen."

Medan jag har skrivit det här har jag fått lust att åtminstone titta lite i klädavdelningarna på någon secondhandaffär. Jag kanske hittar årets julklapp till mig själv.

# Svordomar "på ren svenska" - nej tack!

Det svenska språket har blivit vulgärt i det offentliga rummet. Tidigare var det en hederssak för reportrar och programledare liksom framstående idrottsutövare, politiker och ledare i olika sammanhang att inte använda svordomar och grovt språk. Även om man svor privat, så gjorde man inte det offentligt. De flesta människor verkar kunna tala utan att svära, för ganska många gånger har jag upplevt det, till exempel på golfbanan. När jag har gått i sällskap med någon tillfällig medspelare och vi har pratat litet under vandringen, då har svordomarna ofta försvunnit helt när den andre fick klart för sig att jag var pastor.

Alla språk är fantastiska och vackra och rika, och för mig är förstås svenska det allra finaste. Det är en tragedi att numera höra alla dessa svordomar i vissa människors tal – i så gott som varenda mening. Likaså verkar en del som har gått hela vägen i svensk skola ha svårt för inte blanda in engelska eller "svengelska" stup i ett när de pratar.

Tre färska exempel får illustrera det här, och eftersom det är ordagranna citat, så kommer ett par svordomar att finnas med i en text som jag har skrivit, och det är jag visst inte stolt eller glad över.
Alldeles häromdagen publicerades i media årets vinnare av Augustpriset 2018, ett prestigefullt

författarpris. I kategorin Årets svenska barn- och ungdomsbok vann Emma Adbåge med "Gropen" (Rabén & Sjögren). När hon glad höll sitt tacktal, sa hon bl.a. "Jag tänker välja ett ord. Så jävla roligt. Det är inte ofta man får svära när man skriver för barn, men nu så." Denna prisbelönta författare som säkert beundras bland annat av tusentals barn och ungdomar, säger alltså att man när man är verkligt glad eller berörd, så går det bara att uttrycka det med svordomar.

Jag blir påmind om barnprogram eller barnsång för flera årtionden sen där man myntade ett påhittat ord för att uttrycka starka känslor eller glädje. Jag kommer inte ihåg det så bra men det var något i stil med "superextrakollofantastiskt". Hellre såna konstruktioner än att vulgarisera språket!

I dag läste jag i vår lokala tidning om två unga män som ska starta en musikpodd för att ge röst och plats åt mer okända musiker och garageband. Programmet ska heta "Vem fan är du?"
Ger det ett seriöst intryck? Är det ett bra sätt att marknadsföra kulturliv och sång och musik?

Tredje exemplet:
I Norrköping mitt i stan går jag ofta förbi en restaurang med namnet "Gu' va gott". Jag går förbi, för jag skulle aldrig kunna tänka mig att gynna ett matställe som i sin viktigaste marknadsföring, sitt namn, "missbrukar Herrens namn", för det är detta som är de allvarligaste övertrampen i området "svordomar". Guds bud

till sitt folk genom Mose sammanfattades i "de tio budorden". Där sägs det rakt på sak " Du ska inte missbruka Herren din Guds namn, för Herren ska inte låta den bli ostraffad som missbrukar hans namn." (2 Mosebok kap 20).

Man kan le lite åt min puritanska, frikyrkliga uppväxtmiljö där barn blev åthutade för att säga "sjutton" eller "himla" för att man var så rädd för att överhuvudtaget närma sig att synda mot budet i Bibeln. Men det jag tror budet i första hand talar om är att profanera Guds namn och göra det till ett kraftuttryck. Att använda "Gud" och "Herre" och "Jesus" som kraftuttryck, det ska vi inte göra. Då "gråter Guds änglar i himlen" som man uttrycker det i Astrid Lindgrens "Emil i Lönneberga". Jämfört med detta är varianter av den onde som kraftuttryck kanske något mindre förkastligt.

Ja, nu har jag visst tagit i ordentligt! Men när man kallar svordomar för att säga något "på ren svenska", då blir jag upprörd. Språket är något fantastiskt! Det ska vi älska och vårda, även om vi inte behöver bli sura "språkpoliser" för det. Språket utvecklas hela tiden, och nya uttryck blir rumsrena och står i Svenska Akademins Ordlista. Men vissa ord kommer aldrig att finnas i min egen ordlista eller ordförråd.

# Var bor jag? Och var lever jag?

Var vi bor och var vi lever är väl egentligen
samma sak?
På sätt och vis, men ändå inte.
De här tankarna kom till mig häromdagen
genom bibelordet som citeras längst ner.
Jag har formulerat funderingarna om det här i
form av en dikt. Läs den och fundera vidare
själv!

## Var jag bor och lever

Träffade en granne i dag.
Pensionär som jag
men resligare och rakare
och till synes friskare.
Bor i grannhuset nära mitt
där jag bor sen fem år.
Han har bott i fyrtiofem -
sen husen byggdes.
Gjorde om trean till fyra
och sen till trea igen
allteftersom barnen kom
och lämnade boet sen.
För mig är det tretton bostäder
på de femtio åren som
vuxen med egen familj.

Var jag bor är en sak -
men var lever jag,
var finns mitt hjärta?

Var finns mina drömmar
och min längtan
att göra något för andra -
för Gud?

Var jag bor är en sak -
men var lever jag?

....

*"Från Paulus, genom Guds vilja Kristi Jesu apostel, till
de heliga som bor i Efesos och som lever i tron på
Kristus Jesus. Nåd och frid från Gud, vår fader, och
Herren Jesus Kristus."*
*(Paulus brev till efesierna kap 1)*

# Äntligen vardag!

"Äntligen fredag!" Så brukar det heta nuförtiden. För ganska många människor är vardagsveckan en transportsträcka till den lediga helgen, då man har stora förväntningar på fest och glädje. Jag unnar verkligen alla, som är mitt uppe i jobb och stress och tider att passa, att få ett par dagar i slutet av veckan då man liksom kan leva upp.

Som ganska ledig pensionär sen några år har jag ju förmånen att ha ganska gott om tid och kan välja själv om jag vill ha mycket att göra ibland.

I dag har jag flera gånger tänkt "Äntligen vardag!"

I några dagar nu har vi här hemma förberett och styrt med en födelsedag i familjen och ganska många gäster här hemma häromdagen. Det var roligt och trevligt och tydligen uppskattat av dem som var här men väldigt intensivt under några dagar.

I dag var första dagen som kändes som en vanlig dag, en så kallad "grå vardag". Jag är så tacksam för den!

Förresten har jag i ett par dar tänkt på grått och grå färg. Jag inser att jag har underskattat grått som färg. Det gråa gör sig ju väldigt bra som bakgrund till andra färger. Den grå bordduken är perfekt till färgglada servetter och blombuketter.

Och vem kan utan förutfattade meningar titta på den svarta och grå kråkan utan att fascineras av de vackra färgerna på denna knepiga och duktiga fågel? En grå himmel över trädtopparna är en rofylld miljö att vila ögonen på.

Själv har jag svårt att uppskatta den moderna förkärleken för svart ihop med svart ihop med svart i fråga om klädval. Jag älskar de klara färgerna både i naturen och bland människor.

Men det gråa gör mig på gott humör och lockar fram färgstarka tankar och ord inom mig. Det gråa gör mig mottaglig för tillvarons överraskande och sköna färger.

Fredagsmys i all ära...
I dag är det grå vardag, äntligen vardag!

# Ett gott namn

Namn är ett intressant ämne. Numera är namnen vi ger våra barn mest en fråga om tycke och smak, för att inte tala om påhittighet och fantasi. Ofta kommer ju äldre släktingars namn också på fråga, och så har det väl alltid varit. I gammal tid och i andra kulturer och i sagans och berättelsernas värld är namnet mycket mer än en tillfällig nyck eller en smakfråga. Namnet skulle säga något om personens egenskaper och karaktär och gärna forma barnets lycka och framtid på ett avgörande sätt. Namnet kunde också vara knutet till en händelse just vid barnets födelse. På så sätt var namnet mycket mer likt våra föreställningar i dag om ett varumärke. Ett varumärke, ett firmanamn är viktigt och värdefullt och vårdas. Det är olyckligt för ett företag om dess namn och varumärke smutsas ner eller förstörs. Sånt avspeglar sig direkt i förtroende och aktiekurser och stora ekonomiska konsekvenser och påverkar i förlängningen kanske tusentals människors anställningar och ekonomiska situation.

Bibeln säger t.ex. i Predikareboken 7:1 "Bättre gott namn än god salva".

Vi säger "Han/ hon har namn om sig att vara.....". Och så lägger vi kanske till "ett språkgeni", "en musikalisk trollkarl", "superkock", "mästare i att snickra och fixa" eller något annat.

188

De senaste dagarna har jag funderat en hel del kring detta. En sak har jag fått klart för mig: Vi är alltid mindre än de namn folk sätter på oss.

Det här skriver jag några dagar innan jul. En av bibeltexterna i samband med Jesu födelse säger "Hon ska föda en son, och du ska ge honom namnet Jesus, för han ska frälsa sitt folk från deras synder." (Ängeln Gabriels ord till snickaren Josef i Matteusevangeliets första kapitel). Jesus – Jeshua – betyder "Herrens frälsning". Den som är bekant med Bibelns texter vet att Jesus, Frälsaren, har många namn i de olika bibelböckerna både i Gamla Testamentet och det Nya Testamentet. Några är "Herde", "Konung", "Läkare", "Kristus – Den Smorde", "Herrarnas Herre", "Försonare", "Domare".

Medan vi människor alltid är mindre än våra namn, är Jesus större än något av sina namn och också större än alla sina namn tillsammans. Han är den allsmäktige Guden, den sanna bilden av Gud, Honom som ingen kan begripa eller omfatta. Han är större, Han är mer...

Muslimer säger i olika sammanhang "Allah Akbar", som vi översätter "Gud är stor". I själva verket betyder det "Gud är större", dvs han är större än alla våra föreställningar. Jag kan ha respekt för muslimer och islam, men om man tillämpar Jesu ord och måttstock "Av frukten känner man trädet", så är islams och Koranens lära inte värd att följa.

Men Jesus Kristus är större. Hans är "namnet

över alla namn". Och ändå är han större än alla sina namn. En gång låg han som ett litet hjälplöst nyfött barn i en krubba. Därför firar jag jul.

Jag heter Ingvar. Mina fromma missionärsföräldrar gav mig av outgrundlig anledning det hedniska namn som betyder "Guden Ings krigare". Ja, inte skäms jag ett dugg över mitt namn, men jag är glad att det inte är det namnet som är min identitet. Den har jag i att vara en lärjunge till Jesus – en kristen.

# För hundra år sen...

I dag den 13:e februari 2016 är det hundra år sen min far Agne Holmberg föddes i Norrköping i David och Ellen Holmbergs familj. David var skräddare och lekmannapredikant som några år tidigare hade flyttat från Tumbatrakten till Norrköping med en brinnande längtan att sprida budskapet om frälsning genom tron på Jesus, dop i vatten som en medveten troshandling och dop i den Helige Ande med tungotal som tecken. Den unge skräddaren hade nämligen 1908 kommit i kontakt med den unga pingstväckelsen som kommit till Sverige 1907 efter starten i Los Angeles, USA, 1906.

När Agne föddes var hans far engagerad i att trots envist motstånd från de etablerade kyrkorna kämpa för pingstväckelsens sanningar. Det ledde till att Sionförsamlingen i Norrköping bildades 1921 som en självständig pingstför-samling.

Men 1916 var också mitt under första världskriget, denna jättekonflikt som totalt omfattade 80 miljoner soldater varav 70 miljoner var i Europa. Nio miljoner stupade i detta krig som varade mellan 1914 och 1918. Sverige berördes inte direkt av detta krig men naturligtvis indirekt.

Agne var begåvad i skolan och dessutom atletisk och en skicklig gymnast. Genom stöd utanför familjen fick han möjligheten att gå i gymnasiet, bli student och läsa på högskola för att bli språklärare. Han blev också i unga år en personlig kristen och själv medlem i pingstförsamlingen.

Olika händelser och en inre övertygelse om Guds kallelse ledde sen till att Agne som ung man reste ut till Kina som missionär till Yunnanprovinsen i sydvästra Kina. En av hans tilltänkta uppgifter var att vara lärare åt en missionärsfamiljs barn, men olika förändringar och flyttningar gjorde att det blev mer av språkstudier på kinesiska och predikan och församlingsarbete. Nu pågick andra världskriget, och när japanerna gick in i Kina med sina trupper måste missionärerna fly. Agne tog sig över till Indien och vistades där omkring ett år innan han tog sig tillbaka till Sverige. 1944 gifte han sig med Britta Källmark. De två äldsta barnen föddes 1945 (Torulf) och 1947 (Ingvar), och under 1947 reste familjen till Kina för att återuppta missionsarbetet i Yunnan utsända av Sionförsamlingen i Norrköping. Också denna gång blev Agnes missionsarbete brådstörtat avbrutet, denna gång av Mao Tse Tungs kommunistiska revolution 1949 då missionärer och andra utlänningar tvingades lämna Kina. Agne och hans familj flyttade över till Indien och fortsatte som missionärer i Mysore State i södra Indien (numera Karnataka State). I Indien föddes de tre yngre barnen 1949 (Philip), 1952 (Barbro) och 1957 (Bo) och i Indien var Agne och hans Britta verksamma som missionärer fram till 1980. Som pensionär var Agne aktiv i hemförsamlingen i Norrköping och gjorde predikobesök i olika kyrkor och reste också ut till Indien och stödde församlingarna och arbetet där ända fram till strax före sin död några dagar efter hans 76-årsdag 1992.

Nu sitter jag och skriver ner detta ur minnet (hur tillförlitligt det nu är) på hundraårsdagen efter min fars födelse.
I ganska långa stycken har mitt liv gestaltat sig på ett liknande sätt som min far Agnes liv.
Det har också varit lätt och framgångsrikt med skolan och idrotten i yngre dar och personligt ställningstagande för den kristna tron i tonåren och vattendop och medlemskap i Pingstförsamlingen i Norrköping. Också för mig blev det en inre övertygelse om kallelse till att bli predikant med avbruten högskoleutbildning som följd och lärlingstid och tjänst i Pingströrelsen.
För mig blev det mest tjänst i svenska församlingar och mer sporadiskt missionsinsatser i Karnataka i Indien ett par år och resor till Sovjetunionen och OSS-länderna i drygt trettio år.

Och nu som pensionär och 69 år gammal denna månad finns jag också tillbaka i min födelsestad Norrköping och i Sionförsamlingen (Pingstkyrkan). Och min ambition och längtan är att som min farfar David och min far Agne vara en aktiv och stödjande person i staden och församlingen.

En del är lika men mycket är olika när jag tänker på min fars liv och mitt eget. Det finns naturligtvis arvsanlag och egenskaper där jag är lik min far, men i mitt sätt och min personlighet har jag kanske mer från min mors sida och är lite mer lik hennes utåtriktade och lite "bullriga" syskon. Min far var sant ödmjuk och lågmäld och sannerligen inte påstridig. Han tänkte sig för och gick sällan eller aldrig för långt i uttalande eller handlingar.

Vad ska jag säga? Vi är den vi är. Jag beundrar min far oerhört men jag har aldrig försökt bli en kopia av honom. Hans liv, karaktär och pliktkänsla och osjälviska tjänande under hela livet är ett stort föredöme för mig, men jag har fått gestalta mitt liv på mitt sätt.

Att jag är en "oroligare själ" beror väl kanske också på att jag hade en annorlunda barndom än många med åren i Kina (fast jag inte minns dem) och i Indien och sen kom till Sverige i tonåren som en "främmande fågel". Och att jag pratar och viftar och skrattar och äter och bullrar mer än min far det kan jag inte ändra på – och kanske inte vill det heller.

Men den här dagen sitter jag och tänker på min far Agne. Han har betytt mycket för mig. Tack, min kära pappa! Tack, käre Gud, för min pappa!

Rev. & Mrs. A.S. Holmberg
Missionaries in Mysore / Karnataka State, INDIA
1949 - 1980

# Dikter

## De flesta av de här dikterna är från de två, tre senaste åren

# Ordslöjd

Småskolans syslöjd -
det blev slarviga stygn
när man bara ville ut
och spela fotboll.
Folkskolans träslöjd -
där min skål aldrig
tycktes bli slät nog av sandpapperet,
så att jag kunde få gå till löparbanan.

I många år nu har jag
sysslat med ordslöjd.
Fortfarande är jag nog
för otålig
och vill vidare till nästa projekt
- dikt eller sång.
Lite mer vuxen nu
förstår jag mina slöjdlärares
frustration med mig.
Letar på nätet efter
ordslöjdlärare
men hittar ingen.

Får nöja mig med
att säga till mig själv
på skarpen.

# Promenaden

Promenaden till stan
blir till en lovsång till Gud.
Inte så mycket välformulerade ord
som glädje över stegen
längs gångvägar och kullerstenstrottoarer,
som välbehaget att i en
frisk och fungerande kropp
i bekväma kängor och kläder
gå i behaglig senvinterluft
och njuta av livet.

Trettifem minuter i den lugna takt
min kropp själv rör sig i naturligt.
Ingen stress eller "power walk"
eller svettframkallande kalorijakt -
bara i samklang med tankarnas
fria svävande åt vilket håll de vill.
Fast visst svävar de ofta i ett tack till Honom
som gav mig ett sånt gott liv.

Kaffebacken, Gamla Övägen,
Hörngatan, Gamla Rådstugugatan -
jag möter och passeras av rödgula bussar
och gula spårvagnar och bilar i alla färger
och alla människor till och från jobb
eller i arbete på trottoaren,
och alla är meningsfullt upptagna
och har mer bråttom än jag.
Men jag är meningsfullt ledig.
Jag utövar promenerande lovsång
på väg över Strömmen och Saltängsbron,
Drottninggatan fram till Slottsgatan,

och in i min kyrka,
till bönemötet, sången, mötet med de andra
och med Honom.

Och på vägen hem lyser solen
värmande i mitt ansikte.

## Obetänksamma fotspår

Mönstret under mina svarta promenadskor
lämnar dekorativa fotspår
i den tunna nysnöns vita skikt.
När jag sen, förstrött,
går lite för snabbt
in i kapellets foajé ser jag bestört
något helt annat -
obetänksamma fotspår
med avslöjande
smutsfläckar på golvet.
Snabbt snyggar jag upp någotsånär
med papper och vatten
och torkar skorna också,
fast alltför sent.

Våra obetänksamma fotspår i varandras
zoner och liv och känslor
är det svårare med,
nästan omöjliga att få bort.
Bättre att gå varsamt
från början
och inte ta med smutsen in.

# Grå och svart är du

Grå och svart är du -
vacker, när man tittar på dig
utan fördomar och förutfattade meningar.
Knepig och påhittig är du
och klarar dig bra överallt.
Trivs nära bebyggelse
men kan bo var som helst
också i ödemarken
eller längst ute i skärgården.

Ditt kraxande
påminner om ditt namn.
Ditt flaxande är inte vackert
men fungerar bra.
En halvmeters överlevnadskonstnär
är du, broder kråka
eller syster kråka,
så lika varann.

Grå och svart är du – och vacker.

# Med upplyft ansikte

Med upplyft ansikte
mot den klarblå himlen
dricker jag
ur vattenflaskan
denna sommarvarma vårmorgon.
Fåglarna jublar med olika läten.
Golfbanan blir till ett andaktsrum,
och tacksamheten stiger inom mig.
Det luktar hav tycker jag.
Bråviken skymtar därborta,
i dag som "Blåviken".

När jag kör hemåt sen
har jag några vårblommor
i fuktat papper -
årets första vitsippor, vårlök och gullvivor.
Människorna längs vägen
är plötsligt omklädda
i shorts och kortärmat.
Är detta Norrköping?
Är detta tjugonde april?
Är detta jag?

# Oxlarnas tid och oxlarnas stad

Aldrig förr har jag upplevt oxlarnas tid
som i år och här!
Långa rader av träd
alldeles översållade av vitt.
I ganska många år
har jag haft ögon, känsliga för grönt
och lyckliga över björkar, bokar och ekar.
Och så de gröna häggarna, syrenerna,
oxlarna, rönnarna och kastanjerna
med vitt, lila och vitt igen.
Också i Vetlanda och andra städer
njöt jag av oxlarna här och där.
Men i år och här i Norrköping
är det som om oxlarna har tagit över stan,
oxelkongress överallt.
Vi har alltid haft stadsdelen Oxelbergen,
men just nu får vi nog säga
att vi bor i Oxelstaden.

Visst njuter jag av syrenerna också.
Deras färg och doft
kommer ifatt mig på cykeln.
Och kastanjernas vita ljusstakar
lyser i den sena skymningen,
varje träd en levande katedral.
Men just nu är det oxlarnas tid
och oxlarnas stad.

# Försommarens färger

Försommarens färger
är för mig
ljusblått som försommarhimlen
med eller utan ulliga moln,
gult som rapsens intensiva
glädjefanfarer mot skyn,
grönt i sina hundra nyanser
i träden, gräset och åkrarna.
Det är försommarens färger för mig.

Förresten minns jag
min barndoms rimlek om färgerna:
"Rött är sött, blått är flott,
grönt är skönt, gult är fult".
Varför fanns det inget lämpligare rim
på gult?
(Det var faktiskt ohemult).

Gult är för mig en
vitamininjektion
rakt in i själen -
det milt gula som tussilagon och gullvivan,
det starkare gula som ryssgubbarna
vid vägkanten och rapsens hav av gult,
eller kanske ett fält fullt av maskrosor,
(fast deras skönhet beror för somliga på
om de är tillräckligt långt borta
från den egna trädgården).
Och starkare gult finns väl knappt
än kabbelekan där i de fuktiga dikena,
till och med i skuggan lyser den starkt.
Ja, solrosorna på ett fält

överträffar kanske allt,
vända mot solen
som en ordnad jätteparad
på Himmelska Glädjens Torg,
jag har sett det i flera länder.
Och när vi valde färg på huset,
blev det herrgårdsgul,
den passade till forsythiabuskarna
som redan fanns på tomten.
Där kände jag mig rik som en mogul.
Tack, livet och Gud,
för alla himmelsgula dagar!

# Man borde inte vara inomhus

Man borde inte vara inomhus
överhuvudtaget
så här års.
Så fort förändras allt
i sommarens dagar och nätter.
Dikten jag skrev för några dagar sen
om de vita oxlarna
som översvämmade Norrköpings
gator och parker
och invaderade mitt synfält,
den dikten stämmer inte längre.
Och rapsfältens intensivt gula hav
för en vecka sen
håller redan på att målas om igen
till milt grönt.

Man borde inte vara inomhus
överhuvudtaget.
Hur ska man hinna se allt?

Skomakaren som höll stängt
mellan hägg och syren,
var en klok man.
Men den semestern kan ibland bli
väl kort -
några dagar
eller nästan bara en kafferast.

Man borde inte vara inomhus
överhuvudtaget
så här års.

På naturens teaterscen
byter aktörerna av varann
hela tiden
och fonden och dekoren ändras
allt eftersom.

Det är tur att maskrosorna
kommer igen gång på gång
till glädje för oss
utan trädgård
och på femte våningen.
Och hagtornen lyser
fortfarande vitt och rosa
lite överallt.
Snart kommer smultronen,
och blåklockorna
kommer att vaja.

Och rätt som det är
säger körsbären
med glimten i ögat:
"Saknar du fortfarande
de vita blommorna?"

Man borde inte vara inomhus
överhuvudtaget
så här års.

# Kaprifol

Från golfbanan i sommargrönskan
kommer jag inte hem
med pokaler och priser,
ofta inte ens hyggliga scorekort.
Men nu och då bryter
jag av en kaprifolblomma
i utkanten av de täta snåren
och luktar på
under resten av vandringen
längs banan
och tar med hem.
En kaprifolblomma
i ett vattenglas
på köksbordet
under några dagar -
en väldoftande trofé,
tillräcklig belöning
för den här golfaren.

# Bubblande livsglädje

Bubblande livsglädje
och tacksamhet
och ögon sprängfyllda av allt det vackra -
den ljusblå sommarhimlen,
det kristallklara, femtongradiga havsvattnet
som jag nyss tog ett kort dopp i,
strandgräsets strån som vajar
framför horisontlinjen av öppet vatten,
och - runt mina sandiga fötter -
det myllrande livet
med tusentals små gula ängsblommor
(kanske är det gulmåra i miniformat)
och nästan lika många lila,
myntadoftande miniatyrblommor.
Marken här vid havet
på norra Öland
är visserligen karg och mager
men fylld av jublande, myllrande, njutande
liv i den korta nordiska sommaren.

Skulle inte jag -
även om jag tillhör moder Jords
mest otacksamma och missnöjda livsform -
skulle inte jag
ha bubblande livsglädje
och tacksamhet?

# Vallmo vid Kvarnstad

Solig men sval sommarmorgon
på norra Öland.
Himlen är blå med några små ulliga moln
och nymånens skära
som lyser vit högt däruppe.
Än en gång här i nybyggda, rödmålade stugan
med gammaldags grästak.
Här i hörnet finns avskildheten -
den stora gräsbevuxna tomten
och buskarna och träden
i riktning mot havet.
Ett stånd med vallmo
i det höga gräset vid kanten.
Lysande och klarröda blommor
vajar i den svala vinden,
svävar som fjärilar av korall,
som rödmålade läppar som lovar kyssar.
Men jag sitter kvar här,
och ni mår bäst där
och inte inplockade i vasen,
berövade vajande vind
och markens frihet.
Där faller blombladen på nolltid.
Jag sitter på behörigt avstånd
och njuter av de här minuterna.

Än i dag förstår jag inte
vad som hände
med det lysande vallmoståndet
på vägrenen hemma i stan:
Ena dan stod det där och vajade lyckligt.

Nästa dag fanns inte en enda blomma kvar.
Det var visserligen de där
dagarna kring midsommar.
Den som plockade dem
hann kanske hem
innan blombladen föll av....

Här i Kvarnstad får vallmon stå kvar.
Jag pressar den i stället
mellan två andra dikter.

## Än hör jag tillräckligt

Mina sjuttioåriga öron
missar ibland
pipen från timern vid ugnen,
om jag inte är tillräckligt nära,
och vissa ljud
hör jag inte alls längre.
Om jag fortfarande
kan höra syrsorna
vet jag inte,
vi har inga såna i lägenheten
eller i närheten av vårt
åttavåningshus.
Vid TV-n drar jag gärna
upp volymen rejält,
(är det bara jag som tycker
att nyhetsuppläsarna
bara mumlar nuförtiden?)

Men än hör jag tillräckligt.
Ofta drar jag ner
eller stänger av
eller stänger dörren om mig.

Inom mig ljuder sångerna
och musiken
från otaliga sånger
från min barndom och framåt.
Och melodislingor och fraser
från mina egna sånger,
de finns där, dem hör jag.
Mycket kan jag sjunga
ur minnet och hjärtat.

Och ibland gör jag det.
I maj i år i solskenet
vid affärscentret -
femti minuter i sträck
med ukulelen i händerna.
Sång på sång sjöng jag
utan upprepningar.

Än hör jag tillräckligt.

# Vad viskar ljungen?

Vad viskar ljungen
i dina öron och din själ?
Är det vemod
för att sommaren är över?

I år i augusti
var ljungen mer lysande,
kraftig och klar
än jag nånsin kan minnas,
både på västkustön
och hemma i Östergötland.

Mina ögon frossade
utan att bli mätta.
Jag satt i ljungen,
låg i den.

Den viskade till mig
om tacksamhet -
över sommaren som var
och fortfarande är,
över livet som varit
och fortfarande är.

Viskar ljungen vemod till dig?
Till mig viskar den tacksamhet.

# Trotsigt blå

Vaknade vid fem.
Missmodet från i går kväll
stack upp i tankarna.
Vad är jag bra för?
Verkar knappast behövas
eller efterfrågas.
Gick upp vid sex –
vanliga snabba morgonbestyren
och frukosten
och sen bibeln och bönen som vanligt.

Det känns bättre nu.
Om en stund cyklar jag till stan
och bönemötet.
Hjälper till med musiken
om det behövs,
annars har jag fullt upp själv
med tack till Gud och mina egna böner.

Sen står jag på stan en stund
med ukulelen och Jesussångerna –
ingen hindrar mig där.
Efter lunchen kör jag till skogen
och letar svamp.
Kantarellerna lär ha kommit.

I dag är jag helt klädd i blått
från topp till tå
inklusive pennan i bröstfickan.

Trotsigt blå och blåögd,
det är jag, det.

# Promenadtakt

Promenadtakt är väl olika
för olika människor.
Jag har märkt att de flesta
friska människor
går snabbare än jag,
som mest trivs med att
inte vara svettig
när jag kommer fram.
Bäst är när fötterna
flyttar sig framåt
av sig själva
så att tankarna och själen
kan flyga lite hur som helst
och gärna till jollrande lovsång,
tyst inom mig
eller hörbart, där det går för sig.

Men också jag har olika promenadtakt.
På asfalterade gångar
och kullerstenstrottoarer
är det väl fem kilometer i timmen,
med ryggsäck på vandringsleden
kanske fyra.
Och på svampletning i skogen,
lite långsammare men ändå
vägvinnande om det gäller
gula kantareller -
de syns ofta på lite håll.
Men de bruna trattkantarellerna
lockar mig till långsamt tempo
och ständiga små utvikningar

till båda sidorna.
Om jag ser en, så stannar jag helt
och tittar noga runtomkring.
Och då syns ofta tre, fyra till
och fem och kanske tio.
Härligt att plocka
och se de breda,
brandgula fötterna
som lyser i korgen.

Prova gärna promenadtakt
i trattkantarelltempo
nästa gång!

# Jag vill ge dig livsrum

Jag vill ge dig livsrum.
Inser att det är kärlekens sanna gåva.
Inte förminska dig
så att du passar mig bättre.
När du hittar din egen trädgård
och odlar den
och växer i självkänsla,
då växer också
vår gemensamma lustgård.
Trygga vandrar vi i den tillsammans,
inte som siamesiska tvillingar
utan som två
som är ett
av fri vilja,
i den trygga kärlekens möten,
där en osynlig tråd
alltid förenar oss
var den andra än befinner sig.

# Tomma händer

Tomma händer
först mot Herren vi sträcker.
Tomma händer
sen till människor vi räcker.
Och undret händer,
och läget vänder.
Gud hjälpen sänder
genom våra händer.
Tomma händer
blev laddade händer,
läkande händer,
befriande händer,
förvandlande händer.

# Tankar i tältmöte

Jag sitter i jättetältet på sommarkonferens.
Tälttaket rör sig som en gigantisk lunga-
vidgas och sjunker ihop igen.
Det är ju så det är.
Nyhemskonferensen är pingstvännernas
och deras vänners andliga grönområde
för att andas fritt, hämta andligt syre
i en omgivning av nedsmutsning och avgaser.

Storstäderna har sina Hyde Park,
Central Park och Djurgården.
De kristna har sina "lungor" i Nyhem, Torp,
Lapplandsveckan och på Hönö.
Numera går förresten "luftslangar" via radio
och internet ut över hela landet
och över världen.
(Någon hörde just av sig från Australien).

Sommarlandskapet och bön och lovsång
under en böljande tältduk –
syresättning av kropp och själ och ande.

Och dekoren av lupiner och hundkex
står bra mot grönskans fond –
och himlen och vattnet.

Man får tacka!

# Vem vill ha ett nådens år?

Vem vill ha ett nådens år,
en nådens dag?
Bara den som är otillräcklig i sig själv.
Vem vill ha evangeliets goda nyheter?
Bara den som inte ser något hopp
i de andra nyheterna.
Vem behöver frälsarkransen?
Bara den som sjunker,
som håller på att drunkna.
Vem behöver Jesus?
Är det bara jag?

# Böner

## Ord som är äkta

Herre, förbarma dig över mig!
I femtio år har jag funnits bland dina barn,
bedjarna.
Jag har hört så många böner
och själv bett så många.
Själv skulle jag ju vara en ledare, en herde,
fast jag visste mindre än dem jag ledde
om smärta, sorg, sjukdom, besvikelser och
umbäranden.
Och du ledde mig, lärde mig.
Du satte mig mitt i strömmen av böner
i olika tonlägen och stilar.
En del var mest för människors öron,
men mycket rörde vid mitt hjärta
och säkerligen vid din mantelflik.

Tack för de femtio årens böneskola!
Nu är jag inte så mycket ledare längre,
men meningen är att jag ska vara en av de där
bedjarna,
som jag mötte som tjugoårig predikantlärling.

Herre, förbarma dig över mig!
Låt mig ha de riktiga böneorden,
ord som är äkta!
Skala bort övertonerna, maneren
och fjäskandet för människors poängsättning!
Jag vill ha blicken på dig,
röra vid din mantelflik.
Hjälp mig, Herre,
till ord som är äkta!

Amen

## Nyårsbön

Här är jag nu, Herre, som du önskade.
Förstod jag rätt, att du är lite trött på min tjänst
och i stället önskar min närvaro?
Ska jag sluta försöka dra i andra
och i stället själv låta mig dras nära dig,
in i ditt moln, din härlighet?

Dina barmhärtiga ord
är som ett mjukt täcke
med solgula blommor på.
Jag är så trött...
Kan något så behagligt vara din vilja?

Här är jag nu, Herre.

# Jag vill gå med dig

Jag vill gå med dig, Jesus –
som Andreas gå med dig och se var du bor
och stanna med dig.
Jag vill fylla mig med dina ord
och forskande titta på dina anletsdrag,
se dina gester, ana dina känslor
och känna din doft...
....tills du på nytt
fyller hela mitt synfält
och dina ord ekar i mitt inre
och mitt hjärta bultar vilt
efter att göra din vilja
och väcka din glädje.

Hur det kom sig vet jag inte,
men jag gick vilse mitt i din kyrka
och bland dina egna,
och plötsligt slog det mig
att jag visste svaren
men hade förlorat Svaret,
och jag kände metoderna
men hade tappat bort Vägen.
Och när jag skulle mana fram din röst
och dina anletsdrag,
så fanns de inte där,
bara suddigt och långt borta.

Därför är jag här nu, Jesus,
för att finnas hos dig
tills du finns i mig
och jag kan gå till någon och säga:
"Kom med mig! Vi ska träffa Jesus."
Här, nära dig, Jesus. Alltid.

## Uppbrott

Din kallelse når mig -
mitt i etableringens trygga skede:
"Stå upp och gå till ett land
som jag ska visa dig,
så ska jag göra dig till en välsignelse."
Jag vet inte vart jag ska gå,
men jag känner mig kallad till ett uppbrott.

Alltid har jag tonat ner
min speciella betydelse
eller kallelse eller gåva:
"Vi är alla på samma plan inför Gud."
Och visst är det sant -
det allmänna prästadömet -
men ändå:
I kväll känner jag mig kallad,
utvald, speciell och värdefull.

Kanske är det nu det ska ske -
att jag ska gå in i det
jag är skapad för,
komponerad för -
att jag ska höja mig
över mitt eget genomsnitt
och i Guds förmåga
uträtta något stort.

Herre, se till mina kära!
Omvälvningarna i mitt liv
drabbar ju dem så oförskyllt,
känns det som.
Låt oss tillsammans

se och bejaka din väg!
Låt oss kunna glädjas
mitt i oron!

Då säger jag med glädje "Ja", Herre.
Fast jag antar att det blir jobbigt
och inte alls solklara svar alla gånger.
Men ändå -
det är det här jag är skapad för.

Vasa?
Kan det bli ett nytt uppbrott sen?

## Inte sviken av dig

Inte sviken av dig, Gud,
men ändå besviken.
Trots all kärlek från dig,
jag mig tror övergiven.
Utan ditt perspektiv, Gud,
i mörker här går jag.
Mina beräkningar sprack ju,
och inget förstår jag.
Dina planer är bäst, Gud,
jag vet innerst inne,
fast jag nu allra mest har
fullt kaos i sinnet.
Inte sviken av dig, Gud,
men ändå besviken.
Trots all kärlek från dig,
jag mig tror övergiven.
Bli ej besviken på mig, Gud,
fast nu nu mest jag klagar.
Ingen jag har utom dig, Gud.
Så styr mina dagar!

## Jag behöver be

Jag behöver be.
Herre, lär mig se
Vad är öppen dörr?
Vad är frestelse?

Vad är tålamod?
Vad är vankelmod?
Vad är vilja god?
Vad är hetsigt blod?

Stigen vidgar sig.
Vägskäl framför mig.
Som så ofta förr
jag behöver dig.

Ojämn över lag,
både stark och svag,
både ond och god –
detta är väl jag?

Inför dig jag står.
Tala, Fader vår,
Så att jag förstår
hur jag handla får!

Är det öppen dörr
som jag står inför?
Oron i mitt blod,
är den din och god?

# Klagan

Herre!
Jag är trött och stum i mitt känsloliv
och oviss om vägen.
De som skulle vara mitt stöd
förkastar mina käraste drömmar och
målsättningar.
En människa kan inget taga,
om det inte blir henne givet ovanifrån.
Hjälp mig att vara stilla och tiga.
Öppna en väg!
Till dess har jag slagit otryggt läger i den mörka
dalen.
Jag sluter för fönstren
mot den kalla blåsten och mot insyn.
Nu måste jag skydda och bevara
den gnutta av livsvärme som finns.
Det är inte säsong nu
för uppknäppt jacka och frejdiga leenden.
Nu handlar det om överlevnad -
att överleva vintern i en solfattig och kall dal.
Jag ser fortfarande bergstopparna,
där solljuset flödar.
Jag vet var utsikten och perspektiven finns.
Men jag ser inga stigar som leder dit.
Än så länge måste jag stanna här.
Hur länge måste jag stanna här?
När ska en stig synas framför mig?
Jag klagar - men jag vet vem jag klagar inför.
Jag vet att Han hör mitt kvidande
och mina frågor.
Om det dröjer innan Han svarar?
Hellre väntar jag i Hans tystnad

än går efter de mänskliga teserna -
antiteserna - synteserna.

Så länge Han är tyst finns det hopp.
Så länge Du är tyst finns det hopp.
Att finnas i Din tystnad är sällskap nog.
Tala eller tig, Herre! Din tjänare hör.

# Grodperspektiv – tronperspektiv

Herre, jag skäms!
I stället för att hålla fast i tro vid visionen
och liksom se det osynliga,
har jag gett upp -
låtit drömmen dö,
låtit trons sköld falla
och låtit alla fiendens pilar
träffa och gå in djupt.

Med dig är jag en segervinnare.
Andra ser mig också som det.
Du ser mig som en potentiell segervinnare.

Men jag ser bara hindren -
mullvadshögarna,
rännilarna, sytrådarna,
som Frestarens optiska illusioner
gjorde till sylvassa snömassiv,
skummande floder
och stållinor.

Så kommer en man förbi,
sätter upp handen för synvillorna
och pekar uppåt.
Och plötsligt ser jag hur det är,
hur lurad jag var.

En skymt av det osynliga,
lite tronperspektiv
i stället för grodperspektiv.

En planta växer upp ur askhögen.
En hand räcks mot mig
med en plan, en ritning
av eldfast och syrafast material.

En röst når mig:
"Du har ofta bjudit mig till ditt program.
Nu bjuder jag dig till mitt.
Jag har väntat länge.
Kan vi gå nu?"

En ny hållning -
livshållning,
Livets hållning:
Rak rygg,
huvudet högt,
lyft blick,
fötterna på jorden
men det osynliga i sikte,
hjärtat i himlen,
fötterna på jorden,
vision och ansvar -
Livets hållning -
tronperspektivet -
sitta med Kristus
i den himmelska världen,
på viskningsavstånd
från den Allsmäktige.

# Vart är jag på väg?

Vart är jag på väg, Herre?
Du svarar mig inte, fast frågan är viktig.
Ja visst, ja! Den ställdes till fel person.
Det är jag själv som bestämmer svaret.
Du har gett mig valmöjlighet -
död eller liv,
mörker eller ljus,
isolering eller gemenskap.

Herre, jag väljer livet.
Men bli min lots!
Stig upp i min bräckliga farkost.
Jag klarar mig inte själv.
Jag har bestämt målet.
Nu får du bestämma kursen.

## Bollplank

Du är mitt bollplank, Herre.
Mitt ansikte är glättigt inför de andra.
Jag förvånas själv
över hur jag skrattar och skämtar.
Du vet förvirringen, tomheten, vilsenheten.

Du är mitt bollplank, Herre.
Mina frågor studsar mot din tystnad.
Det gör inget att du är tyst nu.
Snart kommer det svar tillbaka, det vet jag.
Snart kommer din retur att slå hål
i någon av väggarna omkring mig.
Och jag kommer att se friheten därutanför -
och vägen.

Du är mitt bollplank, Herre.

## Jag skulle vilja skriva

Jag skulle vilja skriva till dig,
fast det inte är något särskilt.
Ungefär som när jag ringer
till min gamla mamma –
ett livstecken,
byta några tankar,
berätta några smånyheter.
Mycket är det för att höra rösten,
få veta att allt är bra eller skapligt
och hålla kontakten.

Med dig är det förstås annorlunda.
Du vet redan allt om mig,
vet att jag mår bättre
än jag förtjänar.
Du vet också mina svagheter
och grinigheter
och småaktiga tankar och känslor
blandat med det rätta och goda.

Ändå vet jag att du vill
att jag ska hålla kontakten.
Du vill visst höra min röst också.
Det var ju så du skrev....
Så här sitter jag och skriver
och tänker på dig.
Och jag känner att du hör mig
och är nära.
---
*"Låt mig se ditt ansikte,*
*låt mig höra din röst,*
*ty din röst är så ljuv*
*och ditt ansikte så skönt."* (Höga Visan 2:14)

# Läge för lovsång

Herre, kan man skapa något i en sjuksäng?

Jag är mer begränsad än vanligt,
och vanmaktens tunga vingslag
vakar i natten.

Dock, ur mitt innersta bubblar fram
lovsången till dig.
Och med ens är jag utanför
alla sjukrum och stängsel.

Medan stjärnornas stråkorkester
spelar upp i vårnatten
sträcker sig min andes tillbedjan
förbi stjärnor,
genom alla olösta gåtor
förbi alla intellektets invändningar
fram till dig, min Herre.

# Skatten i lerkärl

Det finns redan inom mig,
visserligen inbäddat i fetma och maklighet,
visserligen neddammat och skymt av bråte,
men det finns där inom mig.
Jag behöver inte resa över land och vatten,
inte uppsöka profeter,
konferenser eller bibelskolor.
(Jag har ju redan stått
vid sidan av de stora gudsmänniskorna,
talat med dem
och tolkat deras ord för åhörarna)
Och flera av dem lade händerna på mig
och bad för mig.
Inte blev det någon större skillnad, precis!
Inte fick jag se massor av under
eller förvandlingar i människors liv.
Inte blev mina ord profetiska spjutspetsar
eller botande balsam.
Så har jag många gånger slutat förvänta mig
men aldrig slutat längta,
långa tider mest sysslat
med det jordiska och triviala
men ändå törstat efter gudomliga nedslaget.

Jag behöver inte en konferens till,
inte ännu ett tilltal av en profet.
Behöver städa inom mig,
få undan bråten, damma av och tvätta rent.
Få tyst på larmet och bullret,
musiken och de högljudda rösterna,
lyssna in Andens stilla röst.

Evangeliet finns inom mig
och Jesu namn och Gudsrikets kraft,
visserligen inbäddat i fetma och maklighet,
visserligen neddammat och skymt av bråte,
men det finns ändå inom mig.
Det måste väl ända finnas några små sprickor
eller ledningar som kan läcka ut Gudsriket?
Någon del av mig mig måste väl kunna vara
förlängningssladden som förmedlar energin?

Herre, hjälp mig att leva
inifrån och ut!
- - -
*"Den som tror på mig, ur hans innersta
skall strömmar av levande vatten flyta fram, som
Skriften säger."
Detta sade han (Jesus) om Anden, som de skulle få
som trodde på honom... (Johannes ev. 7:38f)*

*"Men denna skatt har vi i lerkärl, för att den väldiga
kraften skall vara Guds och inte komma från oss."*

*(Paulus i Andra Korintierbrevet 4:7)*

## Om jag blir dement

Herre, du vet hur jag fasar för detta!
Lite disträ eller glömsk är OK,
men inte detta!
Jag vet att livet är skört
och att en olycka,
en stroke eller hjärtinfarkt
eller galopperande cancer
kan klippa av livstråden snabbt
eller helt oväntat.
Jag är beredd på det, Herre,
men inte på demensens långsamma
utplånande av tankens flykt, minnena,
kontakten med omgivningen,
ja, själva personligheten.
Låt mig dö levande, om möjligt!

Men om jag blir dement,
så ber jag dig, Herre,
låt mig bli det så skonsamt som möjligt -
för omgivningen!
Låt mig slippa bli elak
och oregerlig!
Lite clown har jag nästan alltid varit.
Låt min demens om möjligt roa andra!

Låt mig helst få slippa,
men om jag blir dement,
hör denna min bön!

*Amen*

# I dina kupade händer

Herre, håll Natasha och Anna
i dina kupade händer!
Bland alla hundratusen
Natashor och Annor här i Ryssland
så urskiljer du dem
med din kärleksfulla precision
där de är i Mellerud, ängsliga för utvisningshotet
som hänger över dem.
Håll dem, Herre, i dina kupade händer!
Håll dem trygga och låt dem,
trots allt, få en fristad i Sverige!
Du är deras fristad. Hjälp mig att lita på det
mitt under mina krampaktiga böner för dem!

Och samtidigt, Herre,
håller du i dina kupade händer
alla hundratusen Natashor
och Annor här i Ryssland
och urskiljer dem
med din kärleksfulla precision...
...."En sådan kunskap är mig alltför underbar,
den är så hög att jag ej kan förstå den."
*(Psaltaren 139:6)*
Amen.

## Vilka är de fattiga?

Vilka är de fattiga,
som glädjens budskap är till för?
Vilka är de mottagliga,
de som väntar på evangeliet?
Gud skickar bort de rika med tomma händer,
medan jag har stått med mössan i hand
och krusat och fjäskat
för dem som "inte behöver" Kristus.

Är det konstigt att det blev så lite skörd?
Jag sådde ju i törnsnåren
och bland tistlarna,
lager på lager
av god, dyrbar säd.
Jag såg inte de stora ytorna
med god jord.

Inte heller nu är jag säker.
Är det här de människor
du tänkte jag skulle gå till?
Med stapplande språk,
med udda beteende,
inte så rumsrena i de religiösa reservaten,
de ensamma och ångestfyllda,
drogens gyttjebrottare,
förlorare i allas ögon,
är det om dem du sa:
"här i stan är det många
som hör till mitt folk"?


Herre, förlåt mig igen!

Låt mig få min syn!
Ge mig en chans till!
Ge mig dina ord
och led mig till de fattiga,
till dem som tar emot glädjebudskapet!

## Bön i julveckan

Herre, tack!!
Tack för jag har det så ofattbart bra!
Tack för min familj som jag får fira jul med!
Tack för julmaten som vi ska handla in i dag
och faktiskt har pengar till!
Och juldekorationerna och julgranen i förrådet
räcker till och duger den här gången också,
ja, en ny julstjärna i toppen behöver visst köpas,
men det är väl en småsak.

Och det känns skönt att vi som liten familj
på fyra vuxna personer
kommit överens om att ha
lite färre sorters mat
och att skippa julklapparna.
Och vi har en matgäst på julafton -
det känns bra.

Vi glömmer inte Gud och gudstjänst
och medmänniskorna och världens nöd.
Och vi får vara glada tillsammans.

Beskydda alla som reser till sina kära!
Beskydda och hjälp
dem som är i nöd, gode Gud!

Varför jag har det så bra, vet jag inte,
men jag är tacksam.
Amen.

## De viktigaste böneorden

Ja, ja, Herre!
Som du vill.
Gör det som är bäst!
Ske din vilja!
Okej, Jesus!
Tack ska du ha, Herre!
Tack för att du leder mig!
Ske alltså!
Amen.

# Innehållsförteckning

# Innehållsförteckning ....forts

# Innehållsförteckning ....forts

**Innehållsförteckning ....forts**

## Om författaren

Ingvar Holmberg föddes i Norrköping 1947 som ett av fem barn till kina- och indienmissionärerna Agne och Britta Holmberg. Tio år av sin barndom tillbringade han i södra Indien bl.a. på Svenska Kyrkans internatskola i Kodaikanal, Tamil Nadu. Realskola och gymnasium i Norrköping. I Norrköping blev han också medlem i Pingstkyrkan. Efter värnplikt och ett års ryskastudier på universitet började han som predikantlärling i Pingströrelsen och verkade sen som pingstpastor och missionär och sångledare i Pingstförsamlingarna i Gävle, Eskilstuna, Örnsköldsvik, Strängnäs, Jönköping, Lund och Vetlanda. Nu bor han och hustrun Birgitta på nytt i Norrköping och är verksamma i Pingstkyrkan.
Ur hans tidigare diktböcker och prosa:
Dagsvers och nattgrubbel 1995 (eget förlag) Överlevande 2005 och Skriverier 2010 (båda på Semnos Förlag) samt Utsikt från mitt fönster 2017 (Books on Demand). Han har producerat CD-ar med egna sånger och dikter.
Han besöker gärna kyrkor och föreningar för kafékvällar och dagledigträffar med diktläsning och sång och musik.
Hans hemsida med blogg, radioprogram, dikter, sånger och videos: https://ingvarholmberg.se